Cahier d'exercices

niveau **2**

LIGNE DIRECTE
A2.1

CD-ROM INCLUS

Valérie Lemeunier
Sophie de Abreu
Julien Cardon
Marie-Hélène Le Gall
Stéphane Paroux
Alice Reboul

didier

Tables des crédits photographiques

7	bd	Ian Hanning/Réa
7	bg	Gilles Rolle/Réa
7	hd	Jacques Loïc/Photononstop
7	hg	Marie-José Jarry/Jean-François Tripelon/Top/Gamma-Rapho
7	md	Michael Juno/Alamy/hemis.fr
7	mg	Ludovic Moisant/hemis.fr
11		Roger Rozencwajtg/Photononstop
16	bd	KaYann - Fotolia.com
16	bm	Mike & Valerie Miller - Fotolia.com
16	hd	Philophoto - Fotolia.com
16	hg	piccaya - Fotolia.com
16	hm	Nabil BIYAHMADINE - Fotolia.com
16	bg	Guillaume Besnard - Fotolia.com
17		Gonzalo Azumendi - age fotostock
22		ulisse - Fotolia.com
26	bd	image100/age fotostock
26	bg	Crackphotos/age fotostock
26	bm	Wayne Walton/age fotostock
26	hd	Laurence Mouton/age fotostock
26	hg	Susanne Walstrom/Johner Images/GettyImages
26	hm	Heinze, Winfried/the food passionates/Corbis
29		Nimbus - Fotolia.com
33		Günter Lenz/age fotostock
38		ddraw - Fotolia.com
38		David Mathieu - Fotolia.com
40		Odilon Dimier/age fotostock
40		DreamPictures/age fotostock
40		PT Images/age fotostock
40		Lazi&Mellenthin/age fotostock
47	hd	Jose Luis Pelaez, Inc./Blend Images/Corbis
47	hg	Eray - Fotolia.com
51	bg	IKO - Fotolia.com
51	hd	miskolin - Fotolia.com
51	hg	Yoko Aziz/age fotostock
55		Spencer Rowell/Taxi/GettyImages
58		Bruno Delessard/Challenges-REA
64		teracreonte - Fotolia.com
64		ntnt - Fotolia.com
64		Laurent Gendre - Fotolia.com
64		Michel Bazin - Fotolia.com
64		yannik LABBE - Fotolia.com
64		mimon - Fotolia.com
69		David Davis/age fotostock
76		Eray - Fotolia.com
79	a	Juan Mora
79	b	Guillaume AUBRAT - Fotolia.com
79	c	clara prud homme - Fotolia.com
79	d	mike flippo - Fotolia.com
79	e	NJ - Fotolia.com
79	f	Markus Winkel - Istockphoto International Inc.
80	hg-bg	rusm/Vetta/GettyImages
80		PROMA - Fotolia.com
82		cris13 - Fotolia.com
83		LobsteR - Fotolia.com
83		Beboy - Fotolia.com
83		Beboy - Fotolia.com
83		Beboy - Fotolia.com
83		epiloque - Fotolia.com
83		epiloque - Fotolia.com
83		Beboy - Fotolia.com
88	1	koya79 - Fotolia.com
88	2	GoodMood - Fotolia.com
88	2	LobsteR - Fotolia.com
88	3	PASQ - Fotolia.com
88	4	Krzysztof Sobieraj - Fotolia.com
88	5	Pixis - Fotolia.com
88	6	Valentine Roques
89		alphaspirit - Fotolia.com
94		thieury - Fotolia.com
102	bd	Tim Hawley/Photographer's Choice/GettyImages
102	bg	Jacques Loic/Photononstop
102	bmg	Beboy - Fotolia.com
102	bmg	Travel Ink/Gallo Images/GettyImages
102	hd	James Blacklock - Fotolia.com
102	hg	Ludovic L'HERNORET - Fotolia.com
102	hmd	STOCKFOLIO® / Alamy/hemis.fr
102	hmg	Thierry Planche - Fotolia.com
103	b	HP_photo - Fotolia.com
103	a	http://www.hammacher.com, DR
103	d	Jacob Halaska/age fotostock
103	e	Fuse/GettyImages
103	f	Soundsnaps/Fotolia.com
103	c	dudek - Fotolia.com
107	1	Rafael Campillo/age fotostock
107	2	Mirko Iannace/age fotostock
107	3	Marie-Reine Mattera/Photononstop
107	4	World Perspectives/GettyImages
107	5	Gideon Mendel/Corbis
107	6	Richard Cummins/age fotostock
107	a	Bernard MAURIN - Fotolia.com
107	b	Siede Preis/Photodisc/GettyImages
107	c	Lionel VALENTI - Fotolia.com
107	d	Tim Hawley/Photographer's Choice/GettyImages
107	e	Cobalt - Fotolia.com
107	f	Ivan Piven - Fotolia.com
107	g	NielsDK/age fotostock
108	bg	http://www.strange-insolite.com/modules/extgallery/public-photo.php?photoId=1414, DR
108	hg	http://www.chine-informations.com/usb/membres/photos/124/590/chine-refroidisseur-de-nouilles-chinoises_1292619818.jpg, DR
109		nastazia - Fotolia.com
111		Victoria Blackie/Photographer's Choice/GettyImages

Nous avons recherché en vain les auteurs ou les ayants droits de certains documents reproduits dans ce livre. Leurs droits sont réservés aux Éditions Didier.

Principes de maquette de couverture et intérieur : Laurence Hérédia
Mise en page : Avis de passage
Photogravure : Jouve
Enregistrements, montage et mixage : En Melody
Illustrations :
  Unter : pages 4, 8, 15, 19, 27, 44, 101
  Marie Voyelle : pages 10, 16
  Laurence Hérédia : pages 11, 22, 26, 29, 38, 47, 58, 76, 83, 89, 96

© Les Éditions Didier, Paris 2011   ISBN 978-2-278-6921-7   Imprimé en Italie
Achevé d'imprimer en juin 2011 par   Grafica Veneta - Dépôt légal : 6921/01

UNITÉ 1

VOTRE MISSION

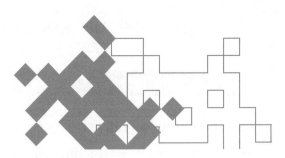

→ ORGANISER UN CONCOURS
« LES 7 PLUS BEAUX SITES DU MONDE »

Je découvre la mission

Pour découvrir la mission :
→ j'écoute l'enregistrement ;
→ je cherche des indices ;
→ j'écris les indices trouvés dans le cadre ;
→ j'imagine dans quel univers va se passer la mission ;
→ j'observe la photo de la p. 9 de mon livre ;
→ je cherche de nouveaux indices.

> Mes indices

Je prépare la mission

Pour organiser le concours des 7 plus beaux sites du monde, je vais :

+ caractériser un lieu ;

+ comparer ;

+ exprimer mes goûts ;

+ situer un lieu dans l'espace ;

+ donner des informations.

Qu'est-ce que je sais faire ?	Qu'est-ce que je vais apprendre ?

Je comprends

Pour participer au rallye :

→ je lis et j'écoute les documents p.10 ;
→ je trace l'itinéraire sur le plan ;
→ j'entoure le point d'arrivée.

Je découvre la langue

Transcription : doc. 2, p. 10

UN ADOLESCENT : Excusez-moi, Monsieur, pour aller à la place de l'Étoile, s'il vous plaît ?
UN PASSANT : Alors, à pied… vous prenez la deuxième à gauche, la rue des Acacias. Ensuite vous prenez la première à droite, vous verrez il y a une boulangerie au coin de la rue. Et après, c'est toujours tout droit, vous ne pouvez pas vous tromper, vous allez voir l'Arc de Triomphe.
UN ADOLESCENT : Merci Monsieur !

1 **Pour découvrir la langue, je trouve dans les documents d'autres exemples pour :**

	Doc. 1	Doc. 2	Doc. 3
situer dans l'espace	....		→ *devant l'Arc de Triomphe* ....
demander un chemin		....	
indiquer un chemin		→ *vous prenez la première à droite*	....

2 Pour compléter le tableau :

→ je note mes découvertes (en bleu) ;
→ je note mes connaissances (en rose).

Pour...	Je peux utiliser :	Je connais aussi :
situer dans l'espace	**devant**	
demander un chemin		
indiquer un chemin	**verbe au présent** + article + **ordinal** + à droite / à gauche	

Je m'entraîne

Phonétique : reconnaître les sons [t] et [d]

1 Pour reconnaître les sons [t] et [d] :

→ j'écris sur deux fiches différentes [t] et [d] ;
→ j'écoute les mots ;
→ quand j'entends [t], je lève le [t] ;
→ quand j'entends [d], je lève le [d] ;
→ je répète les mots.

→ *Quand j'entends « Itinéraire », je lève la fiche [t].*

Phonétique : prononcer les sons [t] et [d]

2 Pour prononcer les sons [t] et [d] :

→ avec un camarade, je cherche 4 mots qui contiennent
le son [d] ;
→ on écrit deux phrases avec les 4 mots ;
→ chaque groupe lit ses deux phrases devant les autres ;
→ on recommence avec le son [t].

→ *direction, deuxième, droit, devant*
*Prends la **deuxième** à **droite** et **descends** l'avenue. On est **devant**
le cinéma.*

Les magasins

3 Pour découvrir les magasins, j'associe un élément de la liste à une photographie.

Liste des courses

– 2 baguettes
– du poisson
– un poulet rôti
– un médicament
pour le mal de tête
– des timbres
– une BD

S'orienter dans la ville

4 Pour faire mes courses :

→ je lis les indications ;
→ je retrouve les magasins sur l'illustration ;
→ j'écris le numéro qui convient.

– Le supermarché est en face de la pharmacie : ....
– La boulangerie est entre la maison des jeunes et le cinéma : ....
– La librairie est à gauche de la pharmacie : ....
– La poissonnerie est à droite de la pharmacie : ....
– La boucherie est à côté du supermarché : ....
– La poste est sur la place : ....

Dans le quartier

5 Pour me repérer :

→ je regarde le plan ;
→ je complète les échanges avec : *à droite de, à gauche de, devant, derrière, en face de, entre.*

– Dis, tu sais où se trouve
le cinéma ?
– Oui, il est ....
la boulangerie. ①

– Je cherche l'arrêt du bus,
s'il vous plaît ?
– Il est juste ....
le collège. ②

– Excusez-moi, la
maison des jeunes,
s'il vous plaît ?
– Elle est dans la
rue Jean Jaurès,
....
la boulangerie. ③

– Tu sais où je peux trouver un bon
restaurant ?
– Je te recommande «La Bonne
Cuisine», c'est dans la rue Tripolis,
.... la librairie. ④

– Vous savez où je peux trouver une
pharmacie ?
– Oui, dans la rue Tripolis,
.... la librairie et la
poissonnerie. ⑤

– Excusez-moi, je
cherche le parc ?
– Oui, il est juste
....
l'hôpital. ⑥

Le copilote

6 Pour arriver au collège :

→ je pose mon crayon sur la case « Maison » ;
→ je ferme les yeux ;
→ j'écoute les indications de mon camarade ;
→ je trace le trajet et on inverse les rôles.

→ *Tourne à droite ! Arrête-toi ! Tourne à gauche ! Continue tout droit !...*

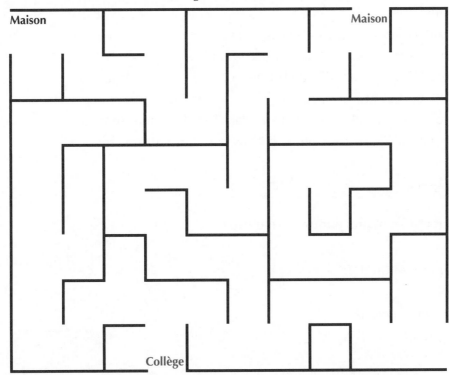

Les sites touristiques

7 **Pour compléter les indications :**

→ j'observe le plan de Paris ;
→ je complète les indications avec : *centre, droite, est, gauche, nord, ouest, sud-est, sur*.

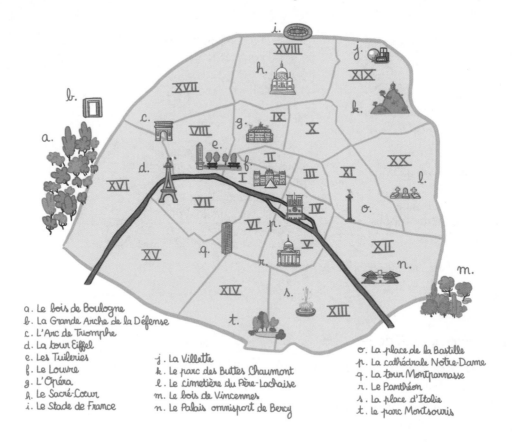

a. Le bois de Boulogne
b. La Grande Arche de la Défense
c. L'Arc de Triomphe
d. La tour Eiffel
e. Les Tuileries
f. Le Louvre
g. L'Opéra
h. Le Sacré-Cœur
i. Le Stade de France

j. La Villette
k. Le parc des Buttes Chaumont
l. Le cimetière du Père-Lachaise
m. Le bois de Vincennes
n. Le Palais omnisport de Bercy

o. La place de la Bastille
p. La cathédrale Notre-Dame
q. La tour Montparnasse
r. Le Panthéon
s. La place d'Italie
t. Le parc Montsouris

1. La Grande Arche de la Défense est située dans un quartier trèsmoderne,
au nord-................... de Paris.

2. Le Louvre se trouve sur la rive................... de la Seine.

3. La tour Montparnasse est sur la rive................... de la Seine.

4. Notre-Dame, est située................... l'île de la Cité, au................... de la ville.

5. Le stade de France se situe à Saint-Denis, au................... de Paris.

6. La place d'Italie se trouve au................... de Paris, dans le XIIIe arrondissement.

7. Le palais omnisport est au................... de Paris, dans le XIIe arrondissement.

Comment tu te déplaces ?

 8 **Pour savoir comment se déplace mon camarade :**

→ je l'interroge ;
→ il lance le dé pour me répondre :
→ on inverse les rôles.

→ – *Tu viens comment, toi, à l'école ?*
    – *En bus !*

⚀ pied		⚄ roller
⚁ vélo		⚅ métro
⚂ bus		⚃ voiture

2ᴱ DÉFI : JE FAIS LA VISITE D'UN SITE TOURISTIQUE

Je comprends

Pour faire le parcours pédagogique proposé au château de Chambord :

→ j'écoute et je lis les documents p. 12 ;
→ je réponds aux questions.

1 Qui a fait construire le château ?
....

2 Combien il y a de pièces ?
....

3 En quelle année a commencé la construction ?
....

4 Combien de temps ont duré les travaux ?
....

5 Combien il y a de cheminées ?
....

6 Quelle est la taille du parc ?
....

7 Quelle est la longueur du mur qui fait le tour du parc ?
....

8 Que faisait le roi à Chambord ?
....

9 Que signifie FRF ?
....

10 Quel est l'emblème du roi ?
....

11 Quelle est la superficie du parc ?
....

12 Quelle est la particularité de l'escalier central ?
....

Je découvre la langue

Transcription : doc. 1, p. 12

Lᴇ ᴘᴇ̀ʀᴇ : Regardez les enfants : voici le château de Chambord. Le château que François Iᵉʳ a fait construire ! Il est immense ! Il y a 440 pièces !

Lᴇ ꜰɪʟs : Il est plus grand que le château de Chaumont, alors ?

Lᴇ ᴘᴇ̀ʀᴇ : Oui, le château de Chaumont est beaucoup plus petit !

Lᴀ ꜰɪʟʟᴇ : Et il a été construit quand ?

Lᴇ ᴘᴇ̀ʀᴇ : Eh bien, les travaux ont commencé en 1519 et ils ont duré un siècle et demi. François Iᵉʳ n'a jamais vu son château terminé ! Et ici, nous sommes sur la terrasse, vous savez combien il y a de cheminées, les enfants ?

Lᴇ ꜰɪʟs : 45 ? 60 ? 36 ?

Lᴇ ᴘᴇ̀ʀᴇ : Allez, je vous aide… le château a autant de cheminées qu'il y a de jours dans l'année !

Lᴇ ꜰɪʟs ᴇᴛ ʟᴀ ꜰɪʟʟᴇ : Non ? 365 ?

Lᴇ ᴘᴇ̀ʀᴇ : Eh oui, il y a bien 365 cheminées dans ce château ! Maintenant, direction le parc où le roi venait chasser avec ses amis ! Vous savez, les enfants, le parc du château de Chambord est aussi grand que Paris !

Lᴀ ꜰɪʟʟᴇ : Ouah, il est immense, alors !

Lᴇ ᴘᴇ̀ʀᴇ : Eh oui, et tout autour de ce parc, il y a un mur de 30 km de long.

Lᴀ ꜰɪʟʟᴇ : Papa, ça veut dire quoi, "FRF", c'est écrit partout sur les murs ?

Lᴇ ᴘᴇ̀ʀᴇ : Ce sont les initiales du roi : "FRF", ça veut dire François Roi de France. Et à côté de ses initiales, vous pouvez voir son emblème, la salamandre. Allez, suivez-moi, je vais vous montrer quelque chose de plus impressionnant encore…

---

1 **Pour découvrir la langue, je trouve dans les documents d'autres exemples pour :**

	Doc. 1
comparer	→ *Il est plus grand que le château de Chaumont…* ....
caractériser	→ *Le parc où le roi venait chasser avec ses amis.* ....

2 **Pour compléter le tableau :**

→ je note mes découvertes (en bleu) ;
→ je note mes connaissances (en rose).

Pour…	Je peux utiliser :	Je connais aussi :
comparer	**plus** + adjectif + **que**	....
caractériser	....	....

Je m'entraîne

Phonétique : reconnaître le son [i]

 1 Pour reconnaître le son [i] :

→ j'écoute les mots ;

→ je compte combien de fois j'entends le son [i] ;

→ je lève le nombre de doigts qui correspond.

→ *Quand j'entends « Léonard de Vinci », je lève un doigt.*

Phonétique : les graphies des sons [e] et [ɛ]

 2 Pour écrire les sons [e] et [ɛ] :

→ j'écoute les mots ;

→ j'entoure les lettres qui se prononcent [e] en bleu ;

→ j'entoure les lettres qui se prononcent [ɛ] en rouge ;

→ je classe les mots dans le tableau selon leur prononciation ;

→ je compare mes réponses avec celles de mon camarade.

→ *Quand j'entends « siècle », j'entoure le « e » accent grave et je le classe dans la colonne [ɛ].*

un siècle – décrire un lieu – se situer – un emblème – une étape – un hectare – visiter – être ouvert – la Tour Eiffel – caractériser un site – 440 pièces – se promener à pied

[e]	[ɛ]
	un siècle

La maison

 3 Pour reconnaître les pièces de la maison :

→ je lis les définitions ;

→ je les complète ;

→ j'écris le numéro qui convient dans chaque pièce du dessin.

1. C'est la pièce où on dort : la chambre
2. C'est la pièce où on prépare à manger : ....
3. C'est la pièce où on se lave : ....
4. C'est la pièce où on reçoit les amis de la famille : ....
5. C'est la pièce où on travaille : ....
6. C'est la pièce où on mange : ....
7. C'est l'endroit où on gare la voiture : ....
8. C'est l'endroit où on peut jouer au ballon, courir et s'amuser : ....
....

La visite du château

 4 Pour faire la visite du château :

→ je donne des indications à un camarade ;
→ il complète son plan ;
→ on inverse les rôles.

→ *Au bout du couloir, il y a le balcon.*

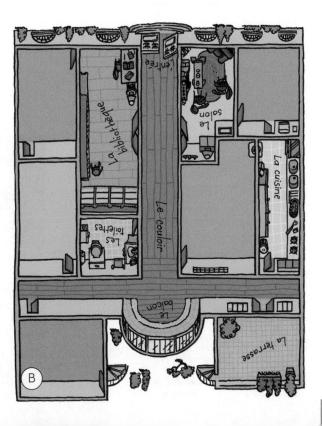

Le jeu des comparaisons

5 Pour participer au jeu :

→ j'observe les deux dessins ;
→ je ferme mon livre ;
→ j'échange avec mon camarade pour retrouver les 8 erreurs.

→ *Sur l'image B, la tour arrière-gauche est plus haute que sur l'image A.*

Le monument à faire deviner

6 Pour faire deviner un monument :

→ je le décris comme dans l'exemple ;
→ je valide la proposition de mon camarade ;
→ on inverse les rôles.

→ *– C'est un monument qui se trouve en Égypte et qui ressemble à un lion.*
   – C'est le Sphinx !

Le Sphinx

La tour Eiffel

La tour de Pise

Big Ben

La statue de la liberté

Le Taj Mahal

En savoir plus, toujours plus !

7 **Pour compléter les légendes, j'entoure le pronom relatif qui convient.**

1. La grotte de Lascaux est un site touristique qui / où se situe dans le sud-est
de la France et qui / où on peut voir des peintures très anciennes.

2. L'abbaye du Mont-Saint-Michel est un monument religieux qui / où est construit
sur une petite île au nord-ouest de la France.

3. Versailles est un château qui / où se trouve au sud-ouest de Paris et qui / où
on peut voir la galerie des Glaces.

4. Le Puy du Fou est un parc de loisirs qui / où est situé en Vendée et qui / où
on peut découvrir l'histoire de la région.

5. Le fort Boyard est un bâtiment qui / où est situé près de l'île d'Oléron et qui / où
a servi de prison.

6. Le Futuroscope est un parc d'attractions qui / où est situé, près de Poitiers,
et qui / où on propose des attractions autour des nouvelles technologies.

La ville de Carcassonne

8 **Pour connaître les caractéristiques de la ville
de Carcassonne, j'interroge mon camarade de classe.**

→ – *Qu'est-ce que tu sais, toi, sur la ville de Carcassonne ?*
– *C'est une ville médiévale qui se trouve au sud de la France.*

A	
C'est une ville médiévale…	… est fortifiée.
	… est située dans la région du Languedoc-Roussillon.
	… on peut visiter un château.
	… classée patrimoine mondial de l'UNESCO.

B	
C'est une ville médiévale…	… est construite à 150 mètres d'altitude.
	… on peut voir 52 tours.
	… date de l'époque gallo-romaine.
	… est située près de Toulouse.

Le sac à mots

9 **Pour faire deviner un mot :**

→ je choisis un mot dans le sac ;
→ je le définis comme dans l'exemple.

→ – *C'est un lieu où on regarde des films.*
– *Un cinéma !*

Le Louvre
Un poissonnier
Le stade de France
Un musée   Un libraire
Un boulanger
Un boucher   Un château
Un office de tourisme

Des intérieurs d'ici et d'ailleurs

1 **Pour comparer les intérieurs de maison dans le monde :**

→ je fais des hypothèses pour compléter le tableau sans regarder les documents ;
→ je compare mes hypothèses avec les informations du livre p. 14.

	Style japonais	Style anglais	Style marocain	Style français	Chez moi
Couleur dominante					
Caractéristiques principales					

2 **Pour comparer ma chambre avec celles du livre, je réponds au questionnaire.**

	Vrai	Faux
La chambre « princesse » est plus grande que ma chambre.		
La chambre « bohème » est moins lumineuse que ma chambre.		
La chambre « nature » est aussi colorée que ma chambre.		
La chambre « moderne » est mieux décorée que ma chambre.		
Dans la chambre « princesse », il y a autant de meubles que dans ma chambre.		
Dans la chambre « bohème », il y a plus de cadres que dans ma chambre.		
Dans la chambre « nature », il y a moins d'espace que dans ma chambre.		
Dans la chambre « moderne », il y a moins de livres que dans ma chambre.		

Le vocabulaire de la maison

3 **Pour comprendre ce que dit Émilie, je remets les lettres des mots en rouge dans l'ordre.**

Dans ma chambre, il y a un grand lti et une btael ed tuni. À côté de la fenêtre,

....

il y a mon uarube et au-dessus il y a des tragéées avec mes livres. J'ai aussi une

....

miarore où je range mes vêtements. J'aimerais bien avoir un uafutlei confortable

....

pour lire mais ma chambre est trop petite.

....

Je peux aussi m'entraîner avec le CD-ROM.

COMPRÉHENSION DE L'ORAL   **25 POINTS**

Vous allez entendre 4 enregistrements, correspondant à 4 exercices différents.
Pour chaque exercice, vous aurez :
– 30 secondes pour lire les questions ;
– une première écoute, puis 30 secondes de pause pour commencer à répondre aux questions ;
– une deuxième écoute, puis 30 secondes de pause pour compléter vos réponses.
Répondez aux questions en cochant (☒) la bonne réponse, ou en écrivant l'information demandée.

 EXERCICE 1   (6 points)

1. La nouvelle maison de Margot est :
❑ plus grande que son ancienne maison.
❑ aussi grande que son ancienne maison.
❑ moins grande que son ancienne maison.

2. Margot :
❑ partage sa chambre avec sa sœur, Julie.
❑ a sa chambre à elle.
❑ dort dans la chambre de ses parents.

3. La chambre de Margot est :
❑ petite, inconfortable et bien éclairée.
❑ petite, confortable et bien éclairée.
❑ grande, confortable et mal éclairée.

4. La chambre de Margot a une fenêtre :
❑ qui donne sur le jardin.
❑ qui donne sur la rue.
❑ qui donne sur la forêt.

5. Maintenant, la maison de Margot
se trouve :
❑ plus loin de l'école.
❑ aussi loin de l'école.
❑ moins loin de l'école.

6. À partir de maintenant, Margot
va aller à l'école :
❑ en voiture.
❑ en bus.
❑ à pied.

 EXERCICE 2   (4 points)

1. **Tracez l'itinéraire sur le plan de la ville.**

PRÉPARATION AU DELF

EXERCICE 3

(7 points)

1. Le Mont Saint-Michel accueille combien de visiteurs chaque année ?

....

2. Où se trouve l'office du tourisme ?

....

3. Qu'est-ce qu'on peut trouver dans la Grande Rue ?

....

....

....

4. Quand est-ce que le site ferme ?

....

....

....

5. À quelles dates le site est-il ouvert de 9 h 30 à 18 heures ?

....

....

6. Qu'est ce qui est interdit dans l'abbaye ?

....

EXERCICE 4

(8 points)

1. Donnez 2 indications qui permettent de localiser chaque destination.

La Clusaz : .... , ...

Arcachon : .... , ...

2. Retrouvez 2 activités qui correspondent à chaque destination.

La Clusaz : .... , ...

Arcachon : .... , ...

3. Où Nicolas va vouloir aller en vacances ?

☐ **La Clusaz**

☐ **Arcachon**

Justifiez votre réponse : ....

4. Où Maud va vouloir aller en vacances ?

☐ **La Clusaz**

☐ **Arcachon**

Justifiez votre réponse : ....

UNITÉ 2
VOTRE MISSION

→ **FABRIQUER UNE MALLETTE POUR PRÉSENTER SON PAYS**

Je découvre la mission

Pour découvrir la mission :
→ j'écoute l'enregistrement ;
→ je cherche des indices ;
→ j'écris les indices trouvés dans le cadre ;
→ j'imagine dans quel univers va se passer la mission ;
→ j'observe la photo de la p. 19 de mon livre ;
→ je cherche de nouveaux indices.

Mes indices

Je prépare la mission

Pour fabriquer une mallette pour présenter mon pays, je vais :

+ me présenter ;

+ exprimer l'appartenance ;

+ caractériser un lieu ;

+ parler d'une activité à venir.

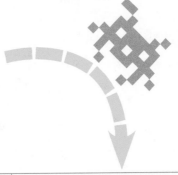

Qu'est-ce que je sais déjà faire ?	Qu'est-ce que je vais apprendre ?

Je comprends

Pour sélectionner les annonces intéressantes pour le collège d'Alazon :

→ je lis les documents p. 20 ;
→ je complète les fiches ;
→ j'entoure la fiche qui convient le mieux.

Annonce 1

Collège D'Alazon

Pays d'origine

Projet

Souhaite rencontrer quelqu'un qui...

Annonce 2

Pays d'origine

Projet

Souhaite rencontrer quelqu'un qui...

Annonce 3

Pays d'origine

Projet

Souhaite rencontrer quelqu'un qui...

Annonce 4

Pays d'origine

Projet

Souhaite rencontrer quelqu'un qui...

Je découvre la langue

1 **Pour découvrir la langue, je relève dans le document d'autres exemples pour :**

	Doc. 1	Doc. 2
exprimer un souhait		→ *Je voudrais correspondre avec de jeunes francophones…*
parler d'une activité récente		→ *Je viens de terminer ma première année de français.*
parler d'une activité en cours		→ *Nous sommes en train de monter un projet…*
parler d'une activité à venir	→ *Nous allons bientôt recevoir les collégiens béninois…*	
exprimer l'appartenance	→ *Nos cultures, nos traditions, nos systèmes scolaires…*	

2 Pour compléter le tableau :

→ je note mes découvertes (en bleu) ;
→ je note mes connaissances (en rose).

Pour...	Je peux utiliser :	Je connais aussi :
exprimer un souhait	**vouloir au conditionnel** + infinitf	
parler d'une activité récente		
parler d'une activité en cours		
parler d'une activité à venir		
exprimer l'appartenance		

Je m'entraîne

Phonétique : reconnaître le son [ø]

1   Pour reconnaître le son [ø] :

→ j'écoute les mots ;
→ quand j'entends [ø] dans le premier mot, je lève un doigt ;
→ quand j'entends [ø] dans le deuxième mot, je lève deux doigts.

→ *Quand j'entends : « faux » et « feu », je lève deux doigts.*

Phonétique : les graphies des sons [ø] et [o]

2   Pour m'entraîner à lire les sons [ø] et [o] :

→ j'écoute les mots.
→ je souligne les lettres qui servent à écrire le son [o] dans la série 1 ;
→ je souligne les lettres qui servent à écrire le son [ø] dans la série 2.

→ *Quand j'entends « côté », je souligne le « ô » accent circonflexe.*

Série 1 :
autre
château
dos
Chaillot
poème
Trocadéro

Série 2 :
deuxième
jeux
lieux
vieux
peut
Monsieur

Va-et-vient

3   Pour réagir, j'entoure la réponse qui convient.

1 - Elle n'a pas faim ?
A – Non, elle vient de manger.
B – Non, elle va manger.

2- Ils vont à l'anniversaire de Paul ?
A – Oui, ils viennent d'y aller.
B – Oui, ils vont y aller.

3 - Pourquoi tu es triste ?
A – Parce que je viens de me disputer avec Camille.
B – Parce que je vais me disputer avec Camille.

4 - Où est-ce qu'on va ?
A – On va voir Jérémy.
B – On vient de voir Jérémy.

5 - Elle parle bien anglais !
A – Elle vient de passer 6 mois en Angleterre.
B – Elle va passer 6 mois en Angleterre.

6 - Pourquoi tu cours ?
A – Je cours parce que je vais être en retard.
B – Je cours parce que je viens d'être en retard.

Les photos de Magali

4 Pour compléter les légendes des photos de Magali, je conjugue les verbes suivants au présent progressif : *danser, faire, se déguiser, manger, courir, visiter.*

blog   Magali   Rechercher

Le collège   Coups de cœur   > Mes photos

Voici mes premières photos de Belgique

Infos

Visites : 2556

Commentaires : 362

Amis : 64

Rose et Alice ....

....

Nicolas ....

.... des crêpes.

Nous ....

.... les crêpes.

Mes amis

Le blog de Julie

Le blog de Simon

Le blog de Margot

Je..

.... pour avoir le bus.

Nous ....

.... Bruxelles.

Léa, Ines et Nicolas

....

> Retour à la page d'accueil <

Les activités du week-end

 5 Pour savoir ce que mes amis vont faire ce week-end, je les interroge.

➜ *– Est-ce que tu vas promener ton chien ?*
– Oui/Non.

Activités	Prénoms de mes camarades
Manger au restaurant	
Visiter un musée, une exposition	
Faire du sport	
Aller au cinéma	
Assister à un concert	
Voir des amis	

Les consignes

 6 **Pour donner des conseils à un correspondant, je conjugue les verbes au futur proche.**

1. Tourne deux fois la clé dans la serrure, sinon, tu (ne pas réussir)
………………….… à ouvrir la porte de l'appartement.

2. Ferme bien la porte de ta chambre avant de dormir, sinon le chat
(venir) …………………….… se coucher sur ton lit.

3. Ne mets pas la musique trop fort le soir, sinon les voisins
(ne pas être) ………………………………… contents.

4. Dans le bus, n'oublie pas de valider ton ticket, sinon tu (avoir)
…………………….. une amende.

5. À l'école, en cours de français, ne parle pas trop avec tes voisins,
sinon la prof (se fâcher) …………………………. .

6. Dernière chose, ne rate pas le bus de 16 h 30 pour rentrer à la maison,
sinon tu (attendre) …………………….. au moins 30 minutes.

Qui c'est ?

 7 **Pour identifier des personnages :**

→ j'échange avec mon camarade comme dans l'exemple ;
→ je montre le personnage ;
→ on inverse les rôles.

→ – *Regarde, c'est Paul ?*
   – Où ça ?
   – Là, le garçon qui est en train de plonger.

Bon séjour à Orsay !

 8 **Pour compléter les consignes de l'accompagnateur, j'utilise :** *ses, votre, vos, leurs.*

1. Ne sortez pas sans ……..................... carte d'identité.

2. Notez le numéro de téléphone de ……..................... famille d'accueil.

3. Rangez ……..................... affaires dans ……..................... chambre.

4. Respectez le rythme de vie de ……................. hôtes et ……................. habitudes.

5. Chez ……................. correspondant, soyez aimable avec …................... parents.

6. Évitez de parler dans ……..................... langue maternelle.

7. Pour les cours du matin, n'oubliez pas……..................... livres.

8. N'oubliez pas de donner de …................. nouvelles à …................... parents.

Nos collèges

 9 **Pour compléter la conversation entre Charlotte et ses correspondants allemands, j'utilise :** *notre, nos, votre, vos.*

CHARLOTTE : Alors Katia, qu'est-ce que tu penses de notre collège ?

KATIA : …................ professeurs sont très sympas, ….............. salles de classes sont assez grandes mais les ordinateurs de ………… salle informatique sont un peu vieux.

PETER : Oui, c'est vrai ! En Allemagne, …................ ordinateurs et …................ collège sont plus modernes. Mais c'est quand même très sympa ici. Surtout, …................ cantine !

KATIA : Moi, ce que j'aime, ce sont ….............. longues vacances d'été. Chez nous elles sont beaucoup plus courtes !

CHARLOTTE : Ah, oui ! C'est vrai ………… vacances sont très longues. C'est trop génial !

PETER : Je sais que je suis gourmand mais moi, je dis que …................ cuisine est vraiment la meilleure, surtout …................ quiches lorraines en entrée à la cantine, je les adore !

Les souhaits

 10 **Pour faire des souhaits :**

→ je lance les dés ;
→ j'utilise *aimer, vouloir ou souhaiter* au conditionnel pour faire une phrase comme dans l'exemple.

→ ⚀ ⚅ *J'aimerais voyager en Europe.*

⚀ Je	⚀ Se promener en ville
⚁ Tu	⚁ Écouter du rap
⚂ Il	⚂ Aller dans un parc d'attractions
⚃ Nous	⚃ Faire des jeux de société
⚄ Vous	⚄ Voyager en Europe
⚅ Elles	⚅ Manger des glaces

⁹ᵉ DÉFI : JE PRÉPARE UN VOYAGE ORGANISÉ

Je comprends

Pour connaître le programme des participants au séjour linguistique :

→ je lis et j'écoute les documents p. 22 ;
→ je remplis l'emploi du temps du groupe.

Je découvre la langue

Transcription : doc. 2, p. 22.

Dialogue 1

NATHALIE : Allô, Clarisse, c'est Nathalie !
CLARISSE : Salut Nathalie ! Ça va ? Ça te plaît Québec ?
NATHALIE : Tu veux savoir si j'aime Québec, je ne l'aime pas cette ville, je l'adore ! C'est vraiment génial mais ce n'est pas pour ça que je t'appelle : ça te dit d'aller patiner dimanche sur la place Hydro-Québec ?
CLARISSE : Ah oui, super idée !
NATHALIE : Cool à dimanche alors, et n'oublie pas tes patins !
CLARISSE : Non, promis, je ne les oublierai pas cette fois, à dimanche !

Dialogue 2

HUGO : Allô, Vincent !
VINCENT : Oh salut Hugo ! Tu vas bien ?
HUGO : Oui, oui ! Dis donc, j'aimerais bien aller faire du ski dimanche ! Tu veux venir avec moi ?
VINCENT : Oui, d'accord, on pourrait inviter Simon aussi.
HUGO : Bonne idée, je l'appelle tout de suite.
VINCENT : Ça marche, à plus tard !

Dialogue 3

PAUL : Allô Yousri, c'est Paul !
YOUSRI : Ça va ?
PAUL : Oui, écoute il y a un concours de sculpture sur neige dimanche. Tu ne veux pas le faire ?
YOUSRI : Mais tu es fou, toi : rester dehors pendant des heures à se geler ! Ah, non, je déteste le froid. Je préfère aller au bowling ! Non, désolé, ça ne me dit vraiment rien du tout !

1 Pour découvrir la langue, je trouve dans les documents d'autres exemples pour :

	Doc. 1	Doc. 2
inviter quelqu'un		→ *Ça te dit d'aller patiner dimanche sur la place Hydro-Québec ?*
accepter une invitation		→ *Oui, d'accord.*
refuser une invitation		→ *Non, désolé, ça ne me dit vraiment rien du tout !*
programmer	→ *Vous irez à l'école tous les matins.*	
éviter une répétition		→ *Je ne les oublierai pas cette fois.*

2 Pour compléter le tableau :

→ je note mes découvertes (en bleu) ;
→ je note mes connaissances (en rose).

Pour…	Je peux utiliser :	Je connais aussi :
inviter quelqu'un	....	ça te dit + infinitif ....
accepter une invitation	....	....
refuser une invitation	....	....
programmer	....	....
éviter une répétition	....	....

Je m'entraîne

Phonétique : reconnaître les sons [j], [ɥ], [w]

 1 Pour reconnaître les sons [j], [ɥ], [w] :

→ j'écoute les mots ;

→ si j'entends deux fois le même mot, je lève la main ;

→ je répète la série avec mon voisin.

→ *Quand j'entends « roi – roi – rat » je lève la main.*

Phonétique : prononcer les sons [j], [ɥ], [w]

 2 Pour prononcer les sons [j], [ɥ], [w] :

→ je prépare trois fiches, une pour chaque son : [j], [ɥ], [w] ;

→ j'écoute les mots ;

→ je recopie les mots sur des petits papiers ;

→ mon voisin pioche un petit papier et le lit le mot ;

→ je lève la fiche qui correspond au son entendu.

→ *Quand mon voisin lit « cahier », je lève la fiche [j].*

Mon journal de bord à Québec

 3 Pour reconstituer les informations du journal de bord de Léo, je remets les mots dans l'ordre.

Je suis super content de partir au Canada,
tous les jours on fera de nouvelles choses.

Lundi : belle / fera / On / randonnée. / une /

Mardi : de / découvrira / les / Montréal. / On / sites / touristiques

Mercredi : du / faire / journée. / la / On / pourra / ski / toute

Jeudi : du / fera / Hydro-Québec. / la / On / patin / place / sur

Vendredi : concours / neige. / On / un / sur / sculpture / participera / à / de

Samedi : bowling / avec / correspondants / On / nos / au / ira

Dimanche : spécialités / mangera / un / restaurant. / québécoises / On / dans / des

L'expédition

4 Pour prendre connaissance du programme, je complète les phrases avec :

petit-déjeunerons – pourrons – verrons – partirons – prendrons – fera – amuserez – plaira.

Nous .... à 7 heures du matin. Nous .... à 7 h 30 pour découvrir la Baie Sainte Catherine. Il .... peut-être froid, pensez à emporter des vêtements chauds. Nous...................... un bateau pour aller voir les baleines. Si nous avons de la chance, nous .... nous approcher. Avec encore plus de chance, nous .... une baleine blanche ! Je suis sûr que cette excursion vous .... et que vous vous .... beaucoup.

La bataille verbale : le futur

5 Pour jouer à la bataille verbale :

→ je dessine secrètement 3 bateaux dans la grille ;
→ je conjugue les verbes au futur pour trouver les bateaux de mon camarade ;
→ si mon camarade a un bateau dans la case indiquée, il répond : « coulé » et je rejoue ;
→ s'il n'a pas de bateau dans la case indiquée, il répond : « dans l'eau » et c'est à lui de jouer ;
→ le joueur qui découvre les trois bateaux de son camarade en premier gagne la partie.

→ *– Je partirai au Mali.*
   – Coulé. / Dans l'eau.

	Visiter la ville	Aller au bowling	Partir au Mali	Faire une fête	Participer au concours
Je					
Tu					
Il					
Nous					
Vous					
Elles					

Le programme

6 Pour compléter le programme, je conjugue les verbes au futur.

8 heures -12 h 30 : Vous (suivre) .... vos cours au collège.

13 heures : Vous (déjeuner) .... dans votre famille d'accueil.

14 heures : Vous (aller) .... à la gare de Freiburg.

14 h 45 : Vous (retrouver) .... vos correspondants à la sortie de la cathédrale.

15 heures – 16 heures : Vous (visiter) .... les vieux quartiers.

18 heures : Vous (se promener) .... dans un magnifique jardin.

20 heures : Vous (dîner) .... à la mairie pour la soirée de bienvenue.

Qu'est-ce qu'on fait ?

7 **Pour connaître le programme d'activités,**

→ j'interroge un camarade ;

→ je remplis le programme.

→ – *Qu'est-ce qu'on fera mardi après-midi ?*
  – *Mardi après-midi, on fera des jeux d'équipe en plein air.*

PROGRAMME DE MATEO					
	Lundi	**Mardi**	**Mercredi**	**Jeudi**	**Vendredi**
Matin			Entraînement pour le match intervilles (Freiburg/Orsay)	Cours au collège	Jeu de piste
Après-midi	Après-midi libre	Jeux d'équipe en plein air			

PROGRAMME DE PETER					
	Lundi	**Mardi**	**Mercredi**	**Jeudi**	**Vendredi**
Matin	Découverte de la vieille ville	Cours au collège			
Après-midi	Visite du musée de la vieille ville		Match intervilles	Préparation de la soirée d'adieu	

Je cherche un partenaire

8 **Pour trouver un partenaire :**

→ je coche dans le tableau 3 activités que j'aimerais faire avec lui ;

→ j'interroge 3 camarades ;

→ j'entoure nos points communs.

→ – *Tu veux faire du badminton ?*
  – *Oui, d'accord. / Le badminton, ça ne me dit rien du tout !*

	Moi	....	....	....	....
Aller au bowling					
Faire du cheval					
Faire un tennis					
Faire du shopping					
Jouer à la console					
Aller voir un film					
Fabriquer des bijoux					

Le départ

 9 **Pour préparer ma valise, je réponds aux questions de la mère de ma famille d'accueil sans faire de répétition.**

– Tu rangeras bien tes affaires dans ta valise !

– Oui, ...

– Tu n'oublieras pas ton passeport !

– Non, ...

– Tu préviendras tes parents de l'heure de ton arrivée !

– Oui, ...

– Tu prendras ton pique nique !

– Oui, ...

– Tu laisseras tes clés sur la table du salon.

– Oui, ...

– Bon, je dois aller travailler. Bon voyage.

– Merci pour tout et à bientôt.

Le questionnaire de satisfaction

 10 **Pour savoir si mon camarade est content de son séjour linguistique :**

→ je l'interroge ;
→ il lance le dé et il me répond ;
→ on inverse les rôles.

→ – *Est-ce que tu aimes ta famille d'accueil ?*
   – ⚀ *Je l'adore* / ⚁ *Je la déteste.*

⚀ ⚂ ⚃ réponse positive

⚁ ⚃ ⚅ réponse négative

tes copines

les activités proposées

la nourriture

l'école

ta famille d'accueil

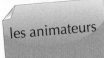

tes copains

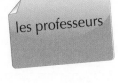

les professeurs

l'organisation des loisirs

les cours

les animateurs

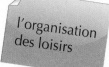

Des stéréotypes d'ici et d'ailleurs

 1 **Pour faire un point sur les stéréotypes :**

→ je fais des hypothèses pour compléter le tableau sans regarder les documents ;
→ je compare mes hypothèses avec les informations du livre p. 24-25.

Les stéréotypes	
Les Français vus par les habitants de mon pays :	Les habitants de mon pays vus par les Français :
....	....
....	....
....	....
....	....
....	....
....	....
....	....
....	....

 2 **Pour mieux comprendre les stéréotypes sur les Français :**

→ j'associe chaque image du livre à une caractéristique.

1	2	3	4	5	6	7	8
b							

Les caractères

 3 **Pour retenir le vocabulaire de la caractérisation :**

→ je choisis un caractère ;
→ je mime le caractère à un camarade ;
→ il me dit ce que j'ai mimé ;
→ je confirme et on inverse les rôles.

Le râleur

L'orgueilleux

Le romantique

Le radin

Le gourmand

L'élégant

 Je peux aussi m'entraîner avec le CD-ROM.

UNITÉ 2

COMPRÉHENSION DES ÉCRITS　　　　**25 POINTS**

EXERCICE 1　　　　　　　　　　　　　　　　　　　　**(5 points)**

Lisez ce document et répondez aux questions, en cochant la (ou les) bonne(s) réponse(s).

Jour 1 : Trajet
Départ en car à 6 h 30. Arrivée en fin de journée. Installation.

Jour 2 : Amboise
Matin : vous irez voir les 44 reproductions miniatures des plus beaux châteaux de la Loire dans le Parc des mini châteaux.
Après-midi : avant de découvrir le château d'Amboise, vous visiterez le Clos Lucé, la dernière demeure de Léonard de Vinci.

Jour 3 : Fantasy Forest
Toute la journée : vous participerez à différentes épreuves sportives dans ce parc de loisirs situé dans la forêt de Ronin.

Jour 4 : Chambord et Blois
Matin : vous visiterez le château de Chambord, l'un des plus beaux châteaux de la Loire avec son surprenant escalier.
Après-midi : direction le Château de Blois, le château de toutes les époques.

Jour 5 : Futuroscope
Toute la journée : vous passerez la journée dans l'un des plus grands parcs d'attraction d'Europe : le Futuroscope.
Soir : spectacle «son et lumière». Retour de nuit dans l'autocar.

Jour 6 : Retour
Arrivée dans le Sud en début de matinée.

1. Qu'est-ce que c'est ?
☐ Une publicité.
☐ Un programme.
☐ Un courriel.

2. Qu'est-ce que vous allez visiter dans la semaine ?
☐ Des châteaux.
☐ Des parcs de loisirs.
☐ Des musées de peintures.

3. Qu'est-ce que le Clos Lucé ?
☐ L'autre nom du château d'Amboise.
☐ Le nom de la maison de Léonard de Vinci.
☐ Le nom d'un parc d'attraction.

4. Comment vous allez voyager ?
☐ En bus.
☐ En train.
☐ En avion.

5. Quel(s) sont le(s) jour(s) où vous allez visiter des châteaux ?
☐ Jour 1
☐ Jour 2
☐ Jour 3
☐ Jour 4
☐ Jour 5
☐ Jour 6

EXERCICE 2　　　　　　　　　　　　　　　　　　　　**(7,5 points)**

Lisez ce document et répondez aux questions.

Séjour linguistique
Vous avez entre 12 et 18 ans ? Vous souhaitez perfectionner votre français ? Vous avez envie de vivre une expérience incroyable ? Venez à Paris….

Formacom vous propose un séjour de 8 semaines.
> 20 heures de cours par semaine du lundi au vendredi le matin ;
> un accès libre à la salle multimédia ;
> des activités culturelles tous les après-midis ;
> un hébergement au choix : famille d'accueil, hôtel, résidence universitaire.

POUR PLUS D'INFORMATIONS, NOUS VOUS INVITONS À CONSULTER LE SITE DE FORMACOM.

1. À qui s'adresse ce séjour linguistique ?
……………………………………………………
2. Combien de temps dure ce séjour linguistique ?
……………………………………………………
3. Où a lieu ce séjour linguistique ?
……………………………………………………
4. Quand est-ce que les cours ont lieu ?
……………………………………………………
5. Qu'est-ce qui est proposé l'après-midi ?
……………………………………………………

PRÉPARATION AU DELF

EXERCICE 3 (5 points)

Lisez ce document et dites si les affirmations sont vraies ou fausses.

FORUMADO

 Rmione

Bonjour!
Alors voilà, je voudrais partir en séjour linguistique en Angleterre mais je ne sais pas quelle formule choisir. Je crois que l'expérience en famille peut être intéressante mais j'ai un peu peur. Est-ce que quelqu'un peut me conseiller ?

Digital

Les séjours en famille d'accueil, c'est génial. Pendant toute la durée de ton séjour, tu vis dans une vraie famille anglaise. Tu manges avec eux, tu partages leur quotidien. C'est un très bon moyen d'améliorer ton anglais car tu n'as pas d'autres choix que de parler anglais. C'est aussi un bon moyen de découvrir la culture anglaise de l'intérieur. Et puis, il arrive souvent que l'on reste très longtemps en contact avec sa famille d'accueil. C'est plutôt sympa. Autre avantage, c'est moins cher que si tu vas dans une résidence.
J'espère que je t'ai convaincue.

	Vrai	Faux
Rmione demande un conseil à un internaute pour aller apprendre l'anglais aux États-Unis.		
Digital déteste les séjours en famille d'accueil.		
D'après Digital, les familles d'accueil parlent français, c'est plus facile pour communiquer.		
D'après Digital, en famille, c'est plus agréable qu'à l'hôtel car tu vis au quotidien avec des anglophones.		
D'après Digital, c'est plus cher de séjourner dans une famille d'accueil que d'aller en résidence.		

EXERCICE 4 (7,5 points)

Lisez ce document et répondez aux questions.

Envoyer   Discussion   Joindre   Adresses   Polices   Couleurs   Enr. brouillon

Salut Helena,
Comment ça va ?
J'ai une bonne nouvelle à t'annoncer ! Mes parents sont d'accord :
on repart toutes les deux cet été à Madrid pour prendre des cours d'espagnol.
Génial, non ? J'ai hâte, j'espère que ce sera aussi bien que l'année dernière.
Tu crois qu'on aura les mêmes profs ? J'aimerais bien.
Bon, on s'appelle vite pour en parler ?
Bises,
Lisa

1. Qui écrit à qui ?

....

2. Avec qui Lisa va partir à Madrid ?

....

3. Quand est-ce que Lisa va aller à Madrid ?

....

4. Qu'est-ce que Lisa va faire à Madrid ?

....

5. Qu'est-ce que Lisa souhaiterait ?

....

UNITÉ 3

VOTRE MISSION

→ FAIRE UNE INTERVIEW

Je découvre la mission

Pour découvrir la mission :
→ j'écoute l'enregistrement ;
→ je cherche des indices ;
→ j'écris les indices trouvés dans le cadre ;
→ j'imagine dans quel univers va se passer la mission ;
→ j'observe la photo de la p. 29 de mon livre ;
→ je cherche de nouveaux indices.

Mes indices

Je prépare la mission

Pour faire une interview, je vais :
+ demander des informations ;
+ raconter un fait passé ;
+ parler d'activités ;
+ caractériser une personne.

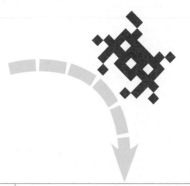

Qu'est-ce que je sais faire ?	Qu'est-ce que je vais apprendre ?

Je comprends

Pour compléter le tableau de bord de l'animateur :

→ j'écoute et je lis les documents p. 30 ;
→ je relève le nom des adolescents ;
→ je décris leurs activités ;
→ je note leurs sentiments.

	Activités	Sentiments
Antoine	....	....
....	Dormir dans une cabane dans les arbres	....
Mélanie	....	....
....	Spéléologie	....

Je découvre la langue

Transcription : doc. 1, p. 30

Aujourd'hui, notre émission s'intéresse aux jeunes. Parce que les ados recherchent des sensations fortes, de nouvelles activités se développent. Chacun a sa façon de vivre l'aventure. Reportage à Mende, où notre journaliste a suivi un groupe de jeunes aventuriers.

ENQUÊTEUR : Alors Mélanie, d'où est-ce que tu viens comme ça ?
MÉLANIE : Je viens d'atterrir. J'ai fait mon premier vol en montgolfière !
ENQUÊTEUR : Et tu n'as pas eu peur ?

MÉLANIE : Non, je me suis sentie en sécurité dans le ballon. C'est pas comme hier… quand j'ai dormi dans une cabane, en haut des arbres, en pleine forêt !
ENQUÊTEUR : Et toi Antoine, pourquoi est-ce que tu as voulu faire de l'accrobranche ?
ANTOINE : C'était mon rêve !
ENQUÊTEUR : Et maintenant, comment est-ce que tu te sens ?
ANTOINE : Je suis super content, j'ai déjà envie de recommencer.

1 **Pour découvrir la langue, je relève dans les documents d'autres exemples pour :**

	Doc. 1	Doc. 2
demander une information	➜ *D'où est-ce que tu viens comme ça ?*	
raconter au passé	➜ *Notre journaliste a suivi un groupe de jeunes.*	....
parler de la quantité		➜ *plusieurs mètres* ....
caractériser une personne	....	➜ *Je suis courageux…* ....

2 Pour compléter le tableau :

→ je note mes découvertes (en bleu) ;
→ je note mes connaissances (en rose).

Pour…	Je peux utiliser :	Je connais aussi :
demander une information	....	**Est-ce que** + sujet + verbe ? ....
raconter au passé	....	....
parler de la quantité	**plusieurs** + nom	....
caractériser une personne	....	....

Je m'entraîne

Phonétique : reconnaître les sons [ø] et [œ]

1 Pour reconnaître les sons [ø] et [œ] :

→ avec le groupe classe, on choisit un geste pour chaque son ;
→ j'écoute les mots ;
→ je répète les mots et je fais le geste qui correspond au son.

→ *Quand j'entends « pleurer », je fais le geste du son [ø].*

Phonétique : produire les sons [ø] et [œ]

2 Pour produire les sons [ø] et [œ] :

→ j'écoute les mots ;
→ je coche le mot que je veux mimer dans la partie « Je mime » ;
→ je mime le mot ;
→ mon voisin coche le mot qu'il a reconnu dans la partie « J'ai reconnu » ;
→ on compare nos deux grilles et on inverse les rôles.

Je mime :

☐ eux ☐ heure
☐ peu ☐ peur
☐ bœufs ☐ beurre
☐ ceux ☐ sœur
☐ queue ☐ cœur
☐ meuh ☐ meurt
☐ veut ☐ veulent

J'ai reconnu :

☐ eux ☐ heure
☐ peu ☐ peur
☐ bœufs ☐ beurre
☐ ceux ☐ sœur
☐ queue ☐ cœur
☐ meuh ☐ meurt
☐ veut ☐ veulent

Le sondage

3 Pour savoir quelles expériences insolites mes camarades aimeraient vivre, je les interroge comme dans l'exemple.

→ *– Est-ce que tu aimerais monter sur une girafe ?*
  – Oui. / Non.

	Prénom(s) des camarades qui souhaiteraient vivre cette expérience :
Dormir dans la forêt amazonienne	
Traverser l'océan Atlantique en bateau	
Escalader le mont Blanc	
Manger des insectes grillés	
Sauter à l'élastique	
Traverser le désert avec des nomades	
Descendre les chutes du Niagara en rafting	

Les caractères

4 Pour découvrir le mot mystère, je complète la grille avec le vocabulaire des caractères en ordonnant les lettres sous les illustrations.

1-secourgaue

2-exupreu

3-rxeuatvune

4-ectotnen

5-gorlexulieu

6-leamc

1	C									
2		P								
3			A								
4			C							
	O									
6			C					

Un enquêteur désordonné

 5 Pour préparer mon interview, je remets les mots dans l'ordre.

1. Comment / est-ce / êtes / préparée / que / vous / vous / ?

....

2. Est-ce / prête / que / vous / vous / sentez / ?

....

3. À / est-ce / heure / partez / que / quelle / vous / ?

....

4. Combien / de / est-ce / que / restez / temps / vous ?

....

5. arrivez / est-ce / Où / que / vous / ?

....

Les questions cachées

6 **Pour retrouver les questions du journaliste, je les complète avec l'expression qui convient.**

– .... âge vous avez commencé à faire de la spéléologie ?
– À 13 ans avec mon père.
– .... vous avez eu peur la première fois ?
– Bien sûr. Il m'arrive même d'avoir encore peur aujourd'hui.
– .... est votre plus beau souvenir ?
– C'est la découverte des grottes de Lascaux. Une merveille !
– .... est-ce que vous allez faire votre prochaine sortie ?
– En Espagne, près de Madrid.
– .... vous conseillez à nos lecteurs ?
– De faire attention. La spéléo peut être dangereuse si on ne respecte pas les règles de sécurité.

Les participes cachés

7 **Pour jouer :**

→ je cherche dans la grille les participes passés des verbes : *suivre, dormir, sentir, suspendre, descendre, voir, entendre, faire ;*
→ je les entoure.

T	A	S	U	S	P	E	N	D	I	D	X	F
V	I	A	F	L	Y	S	U	I	V	I	N	E
W	D	V	B	A	D	S	J	Z	G	V	T	O
S	R	I	Y	S	I	E	D	Y	S	O	H	D
F	U	O	R	F	E	T	L	T	P	D	U	E
D	A	S	E	N	T	E	K	N	O	E	N	S
O	D	E	P	S	D	A	N	J	R	S	I	C
R	N	N	V	E	N	I	F	T	T	C	F	E
M	R	C	N	N	N	P	T	B	E	E	O	N
I	U	E	O	T	U	D	F	U	V	N	R	D
L	I	J	T	I	I	J	U	O	E	D	D	I
L	L	D	E	L	L	G	U	E	S	U	O	U
G	U	L	E	G	U	E	E	T	E	F	R	G
E	V	U	D	E	N	T	E	N	D	I	M	F

Le fils du capitaine

8 **Pour raconter l'histoire de Simon, le fils du capitaine du Sillon (bateau scientifique), je conjugue les verbes au passé composé.**

La première expédition du Sillon (durer) ....
542 jours. Mon père (partir) .... de Brest et (arriver) ....
au Cap, en Afrique du sud, en juillet 2010. Sur le navire, il (vivre) ....
avec des scientifiques, des marins, un journaliste et un cuisinier. Moi, j'(passer)
.... Noël avec eux, en Méditerranée. J'(adorer) ....
vivre sur le bateau.

Une aventurière

9 **Pour raconter l'aventure d'Élodie, je conjugue les verbes au passé composé.**

Samedi, elle (préparer) .... sa valise. Dimanche, elle (partir)
.... et elle (rouler) .... toute la journée.
Elle (arriver) .... tard le soir. Lundi, la randonnée
(commencer)............................ . Elle (traverser) ....
une rivière, elle (ramasser)............................ du bois pour faire un feu,
elle (faire)............................ du canoë. Elle (rentrer) ....
à 22 heures ! Et le lendemain, le réveil (sonner)............................ à 7 heures…
C'est fatigant la vie d'aventurière…

Les conclusions de l'enquête

10 **Pour faire des conclusions :**

→ je lis l'enquête ;
→ j'entoure le bon adjectif indéfini.

1. Toutes / Tous / Tout les personnes interrogées aimeraient vivre 3 jours
sur une île déserte.
2. La majorité des personnes interrogées ne souhaitent pas vivre
plusieurs / chaque / tous mois sur une île déserte.
3. Quelques / Tous / Chaque personnes veulent bien vivre 3 mois
sur une île déserte.
4. Pour la question 3, chaque / quelques / plusieurs réponse est différente.
5. Toutes / Tous / Tout le monde aimerait emporter un objet différent.

> **Réponses à une enquête réalisée auprès de 824 personnes de 25 à 50 ans.**
>
> 1. Est-ce que vous aimeriez vivre seul(e) sur une île déserte pendant 3 jours ?
>
> 100 % des personnes interrogées ont répondu « oui ».
>
> 2. Est-ce que vous aimeriez vivre seul(e) sur une île déserte pendant 3 mois ? »
>
> 2 % des personnes interrogées ont répondu « oui », 98 % « non ».
>
> 3. « Quel objet est-ce que vous aimeriez emporter ? »
>
> Nous avons obtenu 824 réponses différentes.

Le présentateur

11 **Pour faire une enquête, j'interroge mes camarades comme dans l'exemple.**

→ *– Est-ce que tu es déjà allé(e) dans un autre pays ?*
– Oui. / Non

Thèmes des questions	Prénoms de mes camarades
Aller dans un autre pays	
Se perdre dans un magasin	
Gagner une épreuve sportive	
Manger des bonbons bleus	
Lire un roman qui fait peur	
Parler avec un Français	

Pour présenter le résultat de mon enquête,

→ je comptabilise les réponses de mes camarades ;
→ je fais des phrases en utilisant : *plusieurs, quelques, tous*.

→ *Plusieurs élèves sont déjà allé(s) dans un autre pays.*

2ᴱ DÉFI : JE PARTICIPE À UN FORUM DE DISCUSSION

Je comprends

Pour préparer une brochure sur les réseaux sociaux et leurs risques :

→ je lis et j'écoute les documents p.32 ;
→ je corrige les erreurs qui se sont glissées dans les témoignages.

Les réseaux sociaux en général

Vous en pensez quoi ?

Astrid : *Tout le monde est connecté au collège. Le jeu c'est d'avoir le plus d'amis possible. Moi j'en ai 46. Je tchatte, je regarde les profils. Je ne me connecte jamais longtemps et je ne fais pas les tests.*

M. Carlos : *Les réseaux sociaux se présentent comme un jeu : on communique avec ses copains, on peut raconter sa vie, s'inventer des expériences. Il n'y a pas de danger : personne ne peut voir vos coordonnées, connaître vos amis ou voir vos photos.*

La mise en ligne des photos personnelles

Sacha : *Les photos personnelles, moi je les montre !*

Tiram : *Ça me dérange de montrer mes photos aux autres !*

Auriane : *Moi, je préfère montrer mes photos à mes copines que de les mettre en ligne.*

Tiph 98 : *J'aime regarder les photos des autres : c'est amusant.*

Je découvre la langue

Transcription : doc. 2, p. 32

LA PRÉSENTATRICE : Les réseaux sociaux font un carton. Astrid, 14 ans, comme la plupart des ados, adore les réseaux sociaux.

ASTRID : Tout le monde est connecté au collège. Le jeu, c'est d'avoir le plus d'amis possible. J'en ai 146. Mais je ne parle pas à tout le monde. Moi, je trouve que c'est une activité amusante. Je tchatte, je regarde les profils, je fais des tests : ça me prend beaucoup de temps après les cours.

LA PRÉSENTATRICE : J'accueille M. Carlos qui étudie l'influence des réseaux sociaux sur les ados. Alors M. Carlos, et vous, qu'est-ce que vous en pensez ?

M. CARLOS : Les réseaux sociaux se présentent comme un jeu : on communique avec ses copains, on peut raconter sa vie, s'inventer des expériences… Pourtant, il faut faire attention : tout le monde a accès à ces réseaux… donc tout le monde peut avoir vos coordonnées, connaître vos amis, voir vos photos…

Alors, mon premier conseil serait : faites attention à votre vie privée !

Ensuite …

1 **Pour découvrir la langue, je relève dans les documents d'autres exemples pour :**

	Doc. 1	Doc. 2	Doc. 3
demander un avis		➜ *Qu'est-ce que vous en pensez ?*	
donner un avis	➜ *Je ne suis pas d'accord…*		

2 Pour compléter le tableau :

→ je note mes découvertes (en bleu) ;
→ je note mes connaissances (en rose).

Pour…	Je peux utiliser :	Je connais aussi :
demander un avis	**qu'est-ce que** + sujet + pronom **+ penser ?**	
donner un avis	sujet + ne + être + **pas d'accord**	

Je m'entraîne

Phonétique : distinguer le masculin du féminin

 1 Pour distinguer le féminin du masculin :

→ je dessine secrètement 3 bateaux dans la grille ;
→ je fais une phrase pour trouver le bateau de mon partenaire ;
→ si mon camarade a un bateau dans la case indiquée, il répond : « coulé » ;
→ s'il n'a pas de bateau dans la case indiquée, il répond : « dans l'eau » et c'est à lui de jouer ;
→ le joueur qui découvre les 3 bateaux de son camarade a gagné.

→ *– Elle est coiffeuse.*
   – Dans l'eau / Coulé.

	chanteur	coiffeur	râleur	serveur	vendeur
Il					
Elle					
Ils					
Elles					

Phonétique : distinguer le masculin du féminin

 15 2 Pour distinguer le féminin du masculin :

→ j'écoute les mots ;
→ je les classe dans le tableau ;
→ je complète le tableau en ajoutant les mots manquants ;
→ je souligne les différences entre le masculin et le féminin.

→ *Quand j'entends « Arménienne », je classe le mot dans la colonne féminin.*

Féminin	Masculin
Arménienne	Arménien

Les mots en ligne

 3 **Pour réviser le vocabulaire des nouvelles technologies, je complète les étiquettes.**

1 - ....

2 - ....

4 - ....

3 - ....

5 - ....

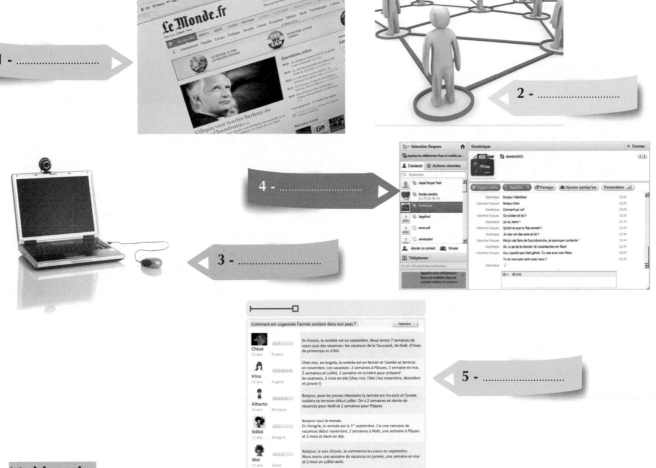

Moi jamais

 4 **Pour en savoir plus sur un camarade :**

→ je lance le dé ;
→ je l'interroge ;
→ il me répond comme dans l'exemple ;
→ on inverse les rôles.

→ *– Tu participes aux forums pour adultes ?*
   – Mais, non, je ne participe jamais aux forums pour adultes.

⚀ Tchatter avec des inconnus

⚁ Poster des photos de tes amis sur Internet.

⚂ Télécharger illégalement des films.

⚃ Laisser tes coordonnées personnelles sur tous les sites.

⚄ Faire des mauvaises blagues sur Internet à tes amis.

⚅ Lire des courriels qui ne sont pas pour toi.

L'opinion d'internautes

5 **Pour connaître l'opinion des internautes, je complète le dialogue avec l'expression qui convient :** *d'accord, pas d'accord, pour, contre, à mon avis.*

– Vous êtes pour ou contre les téléphones portables dans les trains ?

– Je suis .... : ça gêne tout le monde.

1

– Vous êtes toujours .... avec vos parents ?

– Bien sûr que non, je ne pense pas toujours comme eux.

2

– .... ou contre les réseaux sociaux en ligne ?

– Pour, c'est vraiment génial.

3

– Qu'est-ce que vous pensez du vélo en ville ?

– ...., c'est un peu dangereux.

4

Vous pensez quoi de l'idée de donner de l'argent aux collégiens qui ont de bons résultats ?

– Je ne suis .... au collège, on n'est pas là pour gagner de l'argent.

5

Pour ou contre

6 **Pour connaître l'opinion de mes camarades :**

→ je les interroge ;

→ j'écris leur nom si leur réponse est oui.

→ – *Est-ce que tu es contre les devoirs à la maison ?*
   – *Oui. / Non.*

Opinions	Prénoms de mes camarades
Contre les devoirs à la maison	
Pour les téléphones portables au collège	
Pour l'augmentation du nombre d'heures de français	
Pour les cours le samedi après-midi	
Pour les cours de cuisine au collège	
Contre les cours obligatoires	

Tac au tac

7 **Pour savoir ce que pense mon camarade :**

→ je fais des petits papiers numérotés de 1 à 8 ;

→ je pioche un petit papier ;

→ j'échange avec mon camarade comme dans l'exemple.

→ – *Pour ou contre les sorties scolaires ?*
   – *Je suis pour les sorties scolaires, c'est génial. / Je suis contre.*
   – *Je suis d'accord avec toi. / Je ne suis pas d'accord avec toi.*

1. La sieste au collège
2. Les devoirs pendant les vacances
3. Les ordinateurs en classe
4. L'évaluation des profs
5. Les sorties scolaires
6. Le sport tous les après-midi
7. La semaine de 4 jours
8. Les contrôles tous les jours

À ton avis ?

 8 Pour donner mon avis,

→ je lance le dé ;

→ j'interroge un camarade ;

→ il répond et on inverse les rôles.

→ ⚁ *– Est-ce que tu penses que la danse est un sport réservé aux filles ?*
– Non, je ne suis pas d'accord, la danse n'est pas un sport réservé aux filles ! /
Oui, je suis d'accord, la danse est un sport réservé aux filles.

⚀ Le karaté est un sport violent.

⚁ La danse est un sport réservé aux filles.

⚂ L'Espagne a la meilleure équipe de football du monde.

⚃ Les sportifs gagnent trop d'argent.

⚄ Le tennis est un sport facile.

⚅ La boxe est un sport réservé aux garçons.

D'accord/pas d'accord ?

 9 Pour trouver qui est d'accord avec moi,

→ je donne mon avis ;
→ j'interroge 3 camarades ;
→ je trouve celui avec qui j'ai le plus de points communs.

→ – Télécharger illégalement la musique de ton chanteur préféré, ce n'est pas grave.
– Je ne suis pas d'accord. / Je suis d'accord.

Opinions	Moi	....	....	....
Télécharger illégalement la musique de ton chanteur préféré, ce n'est pas grave.				
Passer deux heures par jour sur Internet, c'est normal.				
Donner des informations personnelles sur Internet, c'est dangereux.				
Faire des recherches sur Internet, c'est difficile.				
Se faire passer pour quelqu'un d'autre sur Internet, c'est drôle.				
Recevoir des publicités sur ta boîte mail, c'est utile.				

Des fêtes ici et ailleurs

 1 Pour en savoir plus sur les fêtes dans le monde :

→ je fais des hypothèses pour compléter le tableau ;

→ je compare mes hypothèses avec les informations du livre p. 34-35 ;

→ j'ajoute une fête traditionnelle de mon pays.

Pays	Fête	Date	Informations principales
....	Le nouvel an chinois	....	....
....	La fête de la musique	....	....
....	La fête des morts	....	....
....	Le 14 juillet	....	....
....	La nuit de Walpurgis	....	....
....	....	....	....

Le vocabulaire de la fête

 2 Pour faire les mots-croisés :

→ je lis les définitions ;

→ je remplis la grille.

1. C'est un synonyme de « se souvenir ».
2. C'est un lieu où on danse.
3. Ils explosent dans le ciel.
4. Ils peuvent exploser devant les maisons pendant les fêtes.
5. Elle s'écoute et se joue

 Je peux aussi m'entraîner avec le CD-ROM.

PRODUCTION ORALE — 25 POINTS

Cette épreuve d'expression orale comporte trois parties.

Elle dure 6 à 8 minutes.

Vous disposez de 10 minutes de préparation pour les parties 2 et 3.

ENTRETIEN DIRIGÉ

Après avoir salué votre examinateur, vous vous présentez.

L'examinateur vous posera des questions complémentaires :

– Quelles sont vos activités après l'école ?

– Est-ce que vous avez un ordinateur ? Est-ce que vous l'utilisez souvent et pourquoi faire : travailler, jouer, tchatter ?

– Est-ce que vous passez beaucoup de temps sur Internet ?

– Est-ce que vous avez un profil sur un réseau social ?

MONOLOGUE SUIVI

Vous choisissez un des deux sujets.

Sujet 1

Vous lisez le texte suivant. Vous dites ce que vous avez compris et ce que vous en pensez.

Les ados sont-ils curieux ?

Un sondage nous apprend que les adolescents regardent de plus en plus la télévision... ça, on le savait ! Mais en plus, ils ne regardent plus du tout de reportages ou de magazines d'informations destinés à leur âge. Ils préfèrent regarder les jeux télévisés, ou les clips musicaux... Autrement dit, pour eux, la télévision, c'est plus pour se divertir que pour découvrir le monde.

Sujet 2

Vous parlez de votre activité préférée.

EXERCICE EN INTERACTION

**Vous tirez au sort deux sujets et vous en choisissez un.
Vous devez simuler un dialogue avec l'examinateur afin de résoudre
une situation de la vie quotidienne. Vous montrez que vous êtes capable
de saluer et d'utiliser les règles de politesse.**

Sujet 1

Vous êtes en train de tchatter avec un ami. Un(e) ami(e) arrive et vous dit
que vous passez trop de temps sur votre ordinateur. Vous n'êtes pas d'accord.
Vous discutez avec elle (lui). Le professeur joue le rôle de votre ami(e).

Sujet 2

Une enquête est réalisée pour savoir quelles sont les habitudes des élèves.
Vous répondez à cette enquête. Le professeur est l'enquêteur.

Mes notes

UNITÉ 4

VOTRE MISSION

➜ PARTICIPER
À UN TOURNOI INTERCLASSE

Je découvre la mission

Pour découvrir la mission :
➜ j'écoute l'enregistrement ;
➜ je cherche des indices ;
➜ j'écris les indices trouvés dans le cadre ;
➜ j'imagine dans quel univers va se passer
la mission ;
➜ j'observe la photo de la p. 39
de mon livre ;
➜ je cherche de nouveaux indices.

Mes indices

Je prépare la mission

**Pour participer à un tournoi interclasse et
jouer au « Qui a fait quoi ? Où ? », je vais :**

+ raconter des faits passés ;

+ nier des faits passés ;

+ éviter des répétitions ;

+ localiser quelque chose ou quelqu'un.

Qu'est-ce que je sais faire ?	Qu'est-ce que je vais apprendre ?
....	....
....	....
....	....
....	....
....	....
....	....

Je comprends

Pour signaler les erreurs commises sur le site de l'école :

→ je lis et j'écoute les documents p. 40 ;
→ j'entoure les erreurs sur les pages du site de l'école ;
→ j'indique les corrections à apporter.

⭐ http://www.college-bp.fr 🔍

Bienvenue sur notre site

Accueil | **Agenda** | Vie scolaire

Le **samedi 17 mars 2010**, de **9 h à 16 h**,
le collège organise une journée « portes ouvertes ».

Vous rencontrerez les anciens élèves.
Vous visiterez nos locaux.
Vous découvrirez les options que nous proposons.

Nous contacter

⭐ http://www.college-bp.fr 🔍

Bienvenue sur notre site

Accueil | Agenda | **Vie scolaire**

Quelques règles à respecter dans notre établissement :
Les élèves peuvent sortir du collège sans autorisation des parents.
En cas de retard, les élèves doivent aller chercher un billet dans le bureau du Directeur.
L'accès au bureau du CPE est interdit aux élèves.

Les différents espaces dans notre établissement

La permanence est située en face du CDI, les élèves peuvent y faire leurs devoirs.

Le foyer, la salle d'arts plastiques et la salle de musique sont accessibles aux élèves avec l'autorisation des professeurs.

Le CDI est ouvert toute la journée. *Notez qu'il est possible d'emprunter 5 livres par semaine.*

La cantine est ouverte aux élèves de 12 h 30 à 14h.

Nous contacter

VOTRE MISSION

Je découvre la langue

Transcription : doc. 2, p. 40

LE DIRECTEUR DU COLLÈGE : Bonjour et bienvenue au collège Blaise Pascal. Nous allons commencer la visite. Alors, vous avez ici la loge du gardien. Il surveille les entrées et les sorties. Sachez qu'il est défendu aux élèves de sortir sans autorisation des parents. Quand un élève est en retard le matin, c'est-à-dire quand il arrive après 8 heures, il doit aller chercher un billet de retard dans le bureau du conseiller d'éducation qui se trouve ici. Ensuite vous avez mon bureau, le secrétariat et, au fond, la salle des professeurs qui est interdite aux élèves. Je vous emmène maintenant dans le bâtiment principal. Vous avez ici toutes les salles de cours. Au fond du bâtiment, c'est l'infirmerie. Ensuite, vous avez les salles d'arts plastiques, de musique et le foyer qui sont isolées des autres salles de cours. Les élèves ont le droit d'y accéder en dehors des cours avec l'autorisation du CPE. Au bout du couloir, se trouvent la salle multimédia et le centre de documentation et d'orientation autrement dit le CDI. Ces salles sont ouvertes toute la journée et les élèves peuvent y travailler. Pour emprunter des livres du CDI, il faut juste s'inscrire. Les élèves ont la possibilité d'emprunter 3 livres par semaine. Vous avez, enfin, la cantine. Elle est ouverte pour le déjeuner, de midi à 14 heures. Les élèves ne peuvent pas y accéder en dehors de ces horaires. Voilà, nous avons fait le tour de l'établissement, est-ce que vous avez des questions ?

1 Pour découvrir la langue, je relève dans le document d'autres exemples pour :

	Doc. 2
exprimer l'interdiction	→ *Il est défendu aux élèves de sortir.* ....
exprimer l'obligation	→ *Il faut juste s'inscrire.* ....
exprimer la possibilité	→ *Les élèves peuvent y travailler.* ....
éviter les répétitions	→ *Les élèves ont le droit d'y accéder…* ....

2 **Pour compléter le tableau :**

→ je note mes découvertes (en bleu) ;
→ je note mes connaissances (en rose).

Pour…	Je peux utiliser :	Je connais aussi :
exprimer l'interdiction	**Il est défendu de** + infinitif	
exprimer l'obligation		**Il faut** + infinitif
exprimer la possibilité	**pouvoir** + infinitif	
éviter les répétitions		

Je m'entraîne

Phonétique : faire la liaison avec les lettres « t » et « n »

1 Pour faire la liaison avec les lettres « t » et « n » :

→ je choisis une question ;

→ j'échange avec un camarade comme dans l'exemple ;

→ on inverse les rôles.

→ – *Il est énervé ?*
    – *Oui, il est bien énervé.*

Questions	Réponses
C'est interdit d'entrer ?	Oui, c'est bien interdit.
Il est arrivé à la rentrée ?	Oui, il est bien arrivé à la rentrée.
Le français est obligatoire ?	Oui, le français est bien obligatoire.
C'est ennuyeux ?	Oui, c'est bien ennuyeux.
Jérémie est à l'infirmerie ?	Oui, il est bien à l'infirmerie.
Ta sœur est en retard ce matin ?	Oui, elle est bien en retard.

Phonétique : faire la liaison avec la lettre « d »

2 Pour faire la liaison avec la lettre « d » :

→ je lis les phrases ;

→ je marque les liaisons avec ‿ ;

→ j'écoute les phrases ;

→ je vérifie mes réponses.

→ *Dans la phrase « Il est tard quand il se couche. », je marque la liaison entre « quand » et « il ».*

1. Quand il fait nuit, il faut allumer la lumière dans la classe.

2. Interdiction de monter sur le grand arbre au fond de la cour.

3. Quand on arrive en retard, on doit aller chercher un billet de retard.

4. Quand est-ce que tu viens visiter le collège ?

Les matières

3 Pour retrouver les matières scolaires, je remets les lettres dans l'ordre.

1. euqmatémhatis : ....
2. çaransif : ....
3. gasilna : ....
4. yupisqhe te miehci : ....
5. tsar pselqstiau : ....

6. uédcation cueviqi : ....
7. sciesnec ed al iev te ed al reret : ....
8. uédcation samuecil : ....
9. uédcation yupisqhe te psirteov : ....
10. ihtisore-égropigahe : ....

Les pièces du collège

 4 **Pour faire les mots croisés :**

→ je lis les définitions ;

→ j'écris les mots dans les cases correspondantes.

À l'horizontale :

1. On y apprend à jouer d'un instrument.
2. On y apprend à dessiner.
3. On y trouve des livres.
4. On y trouve des ordinateurs.
5. On y trouve les enseignants.

À la verticale :

a. On y fait ses devoirs.
b. On y va pour chercher un billet de retard.
c. On y mange.
d. On s'y fait soigner.
e. On y rencontre le responsable de l'établissement.

Je cherche…

5 **Pour retrouver mon professeur :**

→ je lance le dé pour interroger un camarade ;

→ il lance le dé pour me répondre.

→ *– Je cherche la prof de maths, tu sais où elle est ?*
   – La prof de maths ? Elle est au secrétariat, je crois.

⚀ le prof d'anglais		⚀ le secrétariat
⚁ la prof de maths		⚁ le bureau du directeur
⚂ l'infirmière		⚂ la salle des professeurs
⚃ le CPE		⚃ l'infirmerie
⚄ la documentaliste		⚄ le CDI
⚅ le prof d'EPS		⚅ le foyer

Les habitudes

 6 Pour connaître leurs habitudes :

→ j'interroge et je note les réponses de 3 camarades ;
→ j'entoure nos points communs.

➡ *– Est-ce que tu manges à la cantine, toi ?*
  – Oui, j'y mange. Non, je n'y mange pas.

	Moi	....	....	....
Manger à la cantine				
Rester à l'étude le soir				
Aller au collège à vélo				
Être inscrit à la bibliothèque				
Travailler dans la salle multimédia				
Dormir au collège				

Le cahier de textes perdu !

 7 Pour compléter mon cahier de textes :

→ je demande à un camarade les devoirs à faire ;
→ je note l'information ;
→ on inverse les rôles.

➡ *– Qu'est-ce qu'on doit faire, déjà, pour lundi ?*
  – Pour lundi, en français, il faut lire le livre de Flaubert jusqu'à la p. 142.

Lundi	Mardi	Mercredi	Jeudi	Vendredi
Français : *Lire le livre de Flaubert* *jusqu'à la p. 142* *Anglais :* *Présenter son artiste* *anglophone préféré*		*Éducation civique :* *Relire l'article* *sur les droits* *des adolescents* *EPS : Faire signer* *l'autorisation* *de sortie*		*Physique et chimie :* *Apprendre le cours* *Arts plastiques :* *Acheter un cahier* *à dessin*

Lundi	Mardi	Mercredi	Jeudi	Vendredi
	Mathématiques : *Faire les exercices n° 7,* *9 et 10 p. 146* *Histoire Géographie :* *Apprendre la leçon sur* *la naissance de Rome*		*Sciences de la vie* *et de la Terre :* *Relire le cours* *de géologie* *Éducation musicale :* *Apporter sa flûte*	

Le règlement intérieur

 **8 Pour comprendre le règlement intérieur, je relie chaque panneau
à l'interdiction correspondante.**

 • • Il est interdit de fumer dans l'établissement.

 • • Les téléphones portables sont interdits dans les salles de classe.

 • • Les aliments sont interdits dans les salles de classe.

 • • Il est défendu de courir dans les couloirs.

 • • Les animaux sont interdits dans le collège.

 • • Il est interdit de circuler en vélo dans la cour.

La journée «rencontre interécoles»

 9 Pour participer à l'organisation de la journée «rencontre interécoles» :

→ je fais des papiers numérotés de 1 à 10 ;
→ je propose mon aide ;
→ mon camarade pioche un numéro, et me répond ;
→ on inverse les rôles.

→ *– Qu'est-ce que je peux faire pour vous aider ?*
– Tu peux régler le son de la chaîne hi-fi, si tu veux.

1. Rangement de la scène.	6. Réglage des lumières sur la scène.
2. Installation du micro pour le karaoké.	7. Affichage du plan de l'école.
3. Préparation des costumes pour la pièce de théâtre.	8. Affichage du programme dans l'établissement.
4. Installation des instruments pour les musiciens.	9. Installation des chaises devant la scène.
5. Photocopie des textes des chansons pour le public.	10. Préparation des badges avec les noms des participants.

E DÉFI : JE RACONTE UN INCIDENT

Je comprends

Pour dire la vérité à la CPE :

→ j'observe et j'écoute le document p. 42 ;
→ je réponds à ses questions.

– À quelle heure est-ce que Léa est arrivée ?
– ....
....

– Où est-ce qu'elle s'est assise ?
– ....
....

– Est-ce qu'elle a sorti ses affaires pour travailler ?
– ....
....

– Qu'est-ce qui s'est passé ?
– ....
....

– Comment est-ce que le professeur a réagi ?
– ....
....

– Est-ce que Léa s'est expliquée avec le professeur ?
– ....
....

– Qu'est-ce qui s'est passé ensuite ?
– ....
....

– Est-ce que Léa a dit quelque chose après le cours ?
– ....
....

– Pourquoi est-ce qu'elle a fait ça ?
– ....
....

Je découvre la langue

Transcription : doc. 1, p. 42

Lᴀ ᴄᴏɴsᴇɪʟʟᴇ̀ʀᴇ ᴅ'ᴇ́ᴅᴜᴄᴀᴛɪᴏɴ : Alors qu'est-ce qui s'est passé avec Léa, ce matin ? Je suis sûre que vous savez quelque chose que je ne sais pas. Racontez-moi !

Lᴏᴜɪsᴇ : Tout ?

Lᴀ ᴄᴏɴsᴇɪʟʟᴇ̀ʀᴇ ᴅ'ᴇ́ᴅᴜᴄᴀᴛɪᴏɴ : Tout !

Lᴏᴜɪsᴇ : Et bien, Léa est arrivée en retard ce matin, vers 8 h 50, je crois.

Cᴀʀʟᴏs : Mais non, elle n'est pas arrivée à 8 h 50, elle est arrivée beaucoup plus tôt vers 8 h 35.

Lᴀ ᴄᴏɴsᴇɪʟʟᴇ̀ʀᴇ ᴅ'ᴇ́ᴅᴜᴄᴀᴛɪᴏɴ : C'est bizarre Léa n'est jamais en retard d'habitude. Enfin passons, qu'est-ce qui s'est passé ensuite ?

Cᴀʀʟᴏs : Léa s'est assise au dernier rang et n'a pas sorti ses affaires.

Lᴏᴜɪsᴇ : Mais si elle les a sorties.

Lᴀ ᴄᴏɴsᴇɪʟʟᴇ̀ʀᴇ ᴅ'ᴇ́ᴅᴜᴄᴀᴛɪᴏɴ : Bon d'accord, et après ?

Cᴀʀʟᴏs : Après, elle a commencé à pousser des petits cris, comme des aboiements.

Lᴏᴜɪsᴇ : Mais non ce n'est pas vrai, elle a éternué.

Lᴀ ᴄᴏɴsᴇɪʟʟᴇ̀ʀᴇ ᴅ'ᴇ́ᴅᴜᴄᴀᴛɪᴏɴ : Louise vous feriez mieux de dire la vérité.

Lᴏᴜɪsᴇ : Bon d'accord c'est vrai elle a aboyé.

Lᴀ ᴄᴏɴsᴇɪʟʟᴇ̀ʀᴇ ᴅ'ᴇ́ᴅᴜᴄᴀᴛɪᴏɴ : Et ensuite ?

Cᴀʀʟᴏs : Monsieur Madelle s'est retourné, il nous a tous regardés l'air étonné. Léa a rougi et n'a rien dit. Mais quelques minutes plus tard elle a recommencé à aboyer, tout le monde a ri. Alors M. Madelle s'est fâché et il l'a punie. Il lui a dit de sortir de la classe.

Lᴀ ᴄᴏɴsᴇɪʟʟᴇ̀ʀᴇ ᴅ'ᴇ́ᴅᴜᴄᴀᴛɪᴏɴ : Qu'est-ce qui a bien pu lui prendre ? Vous savez vous ?

Cᴀʀʟᴏs : Non, non, on n'en sait rien, elle n'a parlé à personne.

Lᴀ ᴄᴏɴsᴇɪʟʟᴇ̀ʀᴇ ᴅ'ᴇ́ᴅᴜᴄᴀᴛɪᴏɴ : Vous êtes bien sûr ?

1 **Pour découvrir la langue, je trouve dans les documents d'autres exemples pour :**

	Doc. 1
raconter des faits passés	➔ *Léa est arrivée en retard ce matin.*
nier des faits passés	➔ *Mais non, elle n'est pas arrivée à 8 h 50.*

2 **Pour compléter le tableau :**

→ je note mes découvertes (en bleu) ;
→ je note mes connaissances (en rose).

Pour…	Je peux utiliser :	Je peux aussi utiliser :
raconter des faits passés		
nier des faits passés		

Je m'entraîne

Phonétique : prononcer le son [b]

 1 Pour prononcer le son [b] :

→ j'écoute les mots ;
→ je répète les mots en retenant bien l'air dans ma bouche
pour prononcer le son [b].

→ *Sébastien et Isabelle.*

Phonétique : reconnaître les sons [v] et [b]

 2 Pour reconnaître les sons [v] et [b] :

→ j'écoute les mots ;
→ je coche le mot que je veux mimer dans la partie « Je mime » ;
→ je mime le mot ;
→ mon voisin coche le mot qu'il a reconnu dans la partie « J'ai reconnu » ;
→ on compare nos deux grilles ;
→ on inverse les rôles.

Je mime :		J'ai reconnu :	
☐ va	☐ bas	☐ va	☐ bas
☐ Var	☐ bar	☐ Var	☐ bar
☐ avis	☐ habit	☐ avis	☐ habit
☐ vu	☐ bu	☐ vu	☐ bu
☐ vont	☐ bon	☐ vont	☐ bon
☐ vent	☐ banc	☐ vent	☐ banc

Ce qui est fait est fait

 3 Pour raconter ce qui s'est passé, je lance les dés.

→ ⚀ ⚂ *J'ai raté le bus.*

⚀ je	⚀ s'asseoir au fond de la classe
⚁ tu	⚁ avoir une mauvaise note
⚂ il / elle / on	⚂ rater le bus
⚃ nous	⚃ perdre le papier à faire signer
⚄ vous	⚄ partir sans dire au revoir
⚅ ils / elles	⚅ lancer un avion en papier

Qu'est-ce qui s'est passé ?

 4 Pour raconter ce qui s'est passé, je conjugue les verbes au passé composé.

Stéphanie (arriver) .... en retard ce matin. Elle (devoir) ....
aller voir le CPE pour lui demander un billet de retard.
Elle (revenir) .... 10 minutes plus tard. Elle (frapper) ....
à la porte, elle (attendre) .... la permission du professeur et elle (entrer)
........................, elle (s'excuser) .... pour son retard et elle (s'asseoir)
.... à sa place, elle (sortir) .... ses affaires et elle
(commencer) .... à écrire sur son cahier. À la fin du cours, Quentin
et Emma (s'approcher) .... de Stéphanie pour lui parler, mais elle
(ranger) .... ses affaires et elle (sortir) .... sans rien dire.

L'incident

5 Pour raconter un incident avec un camarade de classe :

→ je fais deux séries de papiers numérotés de 1 à 8 ;
→ je fais deux tas ;
→ je pioche un numéro dans chaque tas ;
→ je raconte l'incident avec les éléments piochés.

→ – *Tu ne devineras jamais ! Charly et Didier sont arrivés en retard, ce matin !*
   – *Non !*

1. Benjamin	1. rater le contrôle de maths
2. Charly et Didier	2. tomber dans les escaliers en allant en récréation
3. Pascale	3. perdre un livre de la bibliothèque
4. Gérard et Quentin	4. se tromper de salle de classe, ce matin
5. Viviane	5. entrer dans la salle des professeurs
6. Léa et Valentin	6. arriver en retard, ce matin
7. Nicolas	7. aller dans le bureau du Directeur
8. Valérie et Cécile	8. rendre feuille blanche à l'examen d'histoire

Le père et fils

 6 Pour raconter l'histoire, je sélectionne la bonne négation :

– Tu sais, moi, à l'école, je n'ai jamais / rien / plus eu de très bonnes notes, mais
ça ne m'a plus / rien / pas arrêté. Bon, mais attention, je n'ai jamais / rien / plus
reçu de punition, j'ai toujours écouté mes professeurs et encore aujourd'hui, je
me souviens de toutes mes leçons, je n'ai personne / rien / plus oublié ! J'ai eu
mon diplôme de fin d'études et après, je n'ai personne / rien / pas continué mes
études. J'ai commencé à chercher du travail mais, au début, je n'ai jamais / rien /
pas trouvé d'intéressant. J'ai travaillé dans plusieurs entreprises et après quelques
années j'ai monté mon entreprise. Je dois dire que ça a été très difficile mais aujourd'hui, je ne regrette jamais / rien / personne.

La bataille langagière

7 **Pour jouer à la bataille langagière :**

→ je dessine secrètement 3 bateaux dans la grille ;

→ je conjugue les verbes au passé composé pour trouver les bateaux de mon camarade ;

→ si mon camarade a un bateau dans la case indiquée, il répond : « coulé » et je rejoue ;

→ s'il n'a pas de bateau dans la case indiquée, il répond : « dans l'eau » et c'est à lui de jouer ;

→ le joueur qui découvre les trois bateaux de son camarade en premier gagne la partie.

→ – *Je n'ai vu personne dans la cour.*
   – *Coulé. / Dans l'eau.*

	Ne jamais oublier un rendez-vous	Ne voir personne dans la cour	Ne pas manger à la cantine	Ne pas entrer dans la salle des profs	Ne rien réviser pour l'examen
Je					
Tu					
Il					
Nous					
Vous					
Elles					

Le bilan de l'année

8 **Pour savoir qui a fait quoi :**

→ j'interroge mes camarades comme dans l'exemple ;

→ j'écris leur nom dans le tableau si leur réponse est « Si ».

→ – *Tu n'as aidé personne à faire ses devoirs, cette année ?*
   – *Non, je n'ai aidé personne. Si, j'ai aidé Pierre.*

	Prénom des membres du groupe
n'aider personne à faire ses devoirs	
ne jamais aller dans le bureau du directeur	
ne pas emprunter de livres à la bibliothèque	
ne jamais aller à l'infirmerie	
ne rien oublier au collège	
ne jamais arriver en retard à l'école	
ne rien perdre au collège	
ne rencontrer personne	

La pauvre Marion

 9 Pour raconter la journée de Marion, je fais l'accord si besoin est.

Tout a commencé dans le cours de français, Marion s'est senti...... mal alors la prof l'a envoyé...... à l'infirmerie. Elle y a passé...... toute la matinée. Alain et Sophie sont allé...... la voir pendant la pause de midi pour avoir des nouvelles. Ils sont resté...... avec elle pendant une demi-heure, ensuite, le père de Marion est venu...... chercher sa fille à l'école, il l'a emmené...... chez le médecin. Marion est resté...... chez elle le reste de la journée. Elle a dormi...... toute l'après-midi. Son père est allé...... acheter des médicaments et Marion les as pris...... . Elle est revenu...... à l'école la semaine suivante.

Le bouche à oreille

 10 Pour réagir à une nouvelle, je complète les dialogues.

– *Benjamin a embrassé Élise ?*
– *Je ne te crois pas.*
– *Je t'assure ! Il l'a embrassée*

– Évelyne a vu Quentin et Caroline ensemble.
– Ce n'est pas possible !
– Je te jure, elle
.... **2**

– Bastien a cassé une chaise.
– Ce n'est pas vrai !
– Si, il
.... **1**

– Estelle a oublié ses affaires dans le bus
– Ce n'est pas vrai !
– Si, elle **3**
....

– Le prof de maths a envoyé Valentine et Claire dans le bureau du CPE.
– Je ne te crois pas.
– Je t'assure, il
.... **4**

– Le CPE a appelé les parents de Mélanie.
– Je ne te crois pas.
– Je t'assure, il
.... **5**

– Amandine a raté son examen de physique.
– Ce n'est pas possible !
- Je te jure, elle **6**
....

– La prof de bio a puni Sylvie.
– Ce n'est pas vrai !
– Si, elle ....
7

Des collèges ici et ailleurs

 1 Pour comparer les habitudes scolaires dans le monde :

→ je fais des hypothèses pour compléter la première colonne
du tableau sans regarder les documents ;
→ je compare mes hypothèses avec les informations du livre p. 44-45 ;
→ j'indique si ces habitudes sont pratiquées ou non dans mon pays.

Vie scolaire	Pays	Dans mon pays
L'uniforme est obligatoire.	....	....
Certaines salles de classe sont équipées d'un TBI.	Angleterre, ...	....
Des délégués sont élus pour représenter leur classe.	France, ...	....
Certains collèges proposent des activités sportives l'après-midi.	Allemagne, ...	....
Certains collèges proposent des activités culturelles l'après-midi.	Allemagne, ...	....
Les collèges sont équipés d'une cantine.	France, ...	....
Les notes sont données en chiffres.	....	....
Les notes sont données en lettres.	....	....

Les mots cachés

 2 Pour trouver les mots cachés :

→ je lis les définitions ;
→ je cherche les mots qui correspondent
aux définitions dans la grille ;
→ je les entoure.

1. Le fait que les élèves ne viennent pas à l'école.
2. Le fait d'utiliser la force pour faire mal à quelqu'un.
3. L'élève qui représente sa classe.
4. Le résultat obtenu à la suite d'un examen.
5. L'établissement qui assure le 1ᵉʳ cycle
de l'enseignement secondaire en France.
6. Le tableau qui permet de réaliser des activités
sur Internet en classe.
7. La tenue obligatoire dans certains établissements.
8. L'activité physique proposée dans les établissements
scolaires pour permettre aux élèves de garder la forme
et être en bonne santé.

P	A	U	A	B	S	T	K	D	X	F
A	F	L	Y	C	E	E	R	C	N	E
V	B	W	D	S	J	Z	G	V	T	O
I	Y	S	R	E	D	Y	S	O	H	Y
O	R	F	E	G	L	T	P	I	U	F
L	E	G	A	N	K	N	O	T	N	V
E	T	O	D	A	T	J	R	U	I	O
N	V	U	N	I	F	E	T	G	F	L
C	N	J	R	P	T	B	I	A	O	A
E	O	L	U	E	F	U	V	S	R	N
J	T	L	I	J	L	O	E	I	M	S
D	E	L	L	G	U	E	S	C	E	E
L	E	G	U	E	E	T	E	F	J	G
O	D	E	L	E	G	U	E	X	Z	F
O	R	N	E	E	S	E	O	T	S	W

 Je peux aussi m'entraîner avec le CD-ROM.

PRODUCTION ÉCRITE

25 POINTS

EXERCICE 1

(10 points)

Vous écrivez un courriel à un ami pour lui raconter un incident qui a eu lieu dans votre collège. Vous racontez ce qui s'est passé et vous expliquez comment s'est terminé l'incident. (50 à 60 mots)

Envoyer   Discussion   Joindre   Adresses   Polices   Couleurs   Enr. brouillon

À : guilltatin@tmail.fr

Objet :

EXERCICE 2 (15 points)

Vous écrivez à votre correspondant étranger pour lui décrire votre
école. Vous lui parlez :
– des matières que vous étudiez ;
– des règles à respecter.
 (50 à 60 mots)

UNITÉ 5
VOTRE MISSION

→ CRÉER UNE AFFICHE :
« LES ÉCO-GESTES AU COLLÈGE »

Je découvre la mission

Pour découvrir la mission :
→ j'écoute l'enregistrement ;
→ je cherche des indices ;
→ j'écris les indices trouvés dans le cadre ;
→ j'imagine dans quel univers va se passer la mission ;
→ j'observe la photo de la p. 49 de mon livre ;
→ je cherche de nouveaux indices.

Mes indices

Je prépare la mission

Pour créer une affiche : « les éco-gestes au collège », je vais :

+ indiquer la cause ;
+ indiquer la conséquence ;
+ donner des précisions ;
+ comparer ;
+ faire des propositions ;
+ décrire une situation.

Qu'est-ce que je sais faire ?	Qu'est-ce que je vais apprendre ?

Je comprends

Pour jouer au quiz :

→ je lis et j'écoute les documents p. 50 ;
→ je prends des notes et je les compare avec celles d'un camarade ;
→ on ferme le livre pour répondre aux questions ;
→ on vérifie nos réponses ;
→ on compte un point par bonne réponse ;
→ l'équipe qui a le plus de points a gagné.

Mes notes

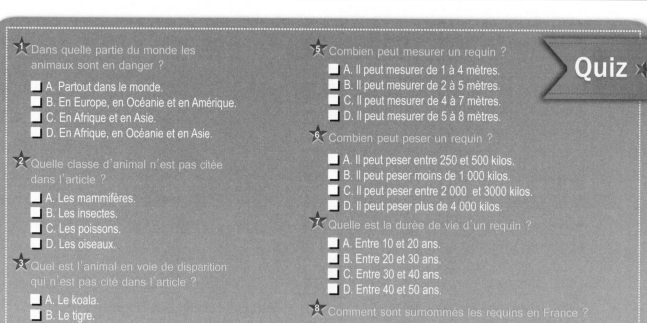

★ Quiz ★

1 Dans quelle partie du monde les animaux sont en danger ?

- A. Partout dans le monde.
- B. En Europe, en Océanie et en Amérique.
- C. En Afrique et en Asie.
- D. En Afrique, en Océanie et en Asie.

2 Quelle classe d'animal n'est pas citée dans l'article ?

- A. Les mammifères.
- B. Les insectes.
- C. Les poissons.
- D. Les oiseaux.

3 Quel est l'animal en voie de disparition qui n'est pas cité dans l'article ?

- A. Le koala.
- B. Le tigre.
- C. La tortue.
- D. L'ours polaire.

4 Quels produits fabriqués à partir d'animaux ne sont pas cités dans l'article ?

- A. Les objets décoratifs.
- B. Les vêtements.
- C. Les produits cosmétiques.
- D. Les bijoux.

5 Combien peut mesurer un requin ?

- A. Il peut mesurer de 1 à 4 mètres.
- B. Il peut mesurer de 2 à 5 mètres.
- C. Il peut mesurer de 4 à 7 mètres.
- D. Il peut mesurer de 5 à 8 mètres.

6 Combien peut peser un requin ?

- A. Il peut peser entre 250 et 500 kilos.
- B. Il peut peser moins de 1 000 kilos.
- C. Il peut peser entre 2 000 et 3000 kilos.
- D. Il peut peser plus de 4 000 kilos.

7 Quelle est la durée de vie d'un requin ?

- A. Entre 10 et 20 ans.
- B. Entre 20 et 30 ans.
- C. Entre 30 et 40 ans.
- D. Entre 40 et 50 ans.

8 Comment sont surnommés les requins en France ?

- A. Les mangeurs des mers.
- B. Les dents de la mer.
- C. Les tueurs des mers.
- D. Les vampires de la mer.

Transcription : doc. 2, p. 50

LA JOURNALISTE : Aujourd'hui nous accueillons Malo, un jeune ado écolo ! Nous les surnommons les « dents de la mer », mais ce n'est pas pour ça que nous ne devons pas les protéger… Malo, dis-nous pourquoi tu t'intéresses aux requins ?

MALO : Parce que ce sont des animaux fascinants que nous ne connaissons pas bien. Ils nous font peur, mais ce sont des victimes : les requins risquent de disparaître à cause de la pollution et de la pêche… c'est pour ça que je veux les protéger.

LA JOURNALISTE : Pourquoi ils ont mauvaise réputation ?

MALO : On pense que ce sont des mangeurs d'hommes parce qu'ils sont impressionnants : ils peuvent mesurer 7 mètres et peser 3 tonnes ! Mais les poissons et les oiseaux marins sont leur repas préféré, pas les hommes !

LA JOURNALISTE : Et alors, qu'est-ce que tu fais pour les protéger ?

MALO : J'ai créé un blog. Sur ce blog, je présente les différentes espèces de requins, j'explique pourquoi ils sont en danger et donc pourquoi il faut les protéger.

1 **Pour découvrir la langue, je trouve dans les documents d'autres exemples pour :**

	Doc. 1	Doc. 2
indiquer la cause	→ … à cause de la sécheresse.	
indiquer la conséquence		→ C'est pour ça que je veux les protéger.
décrire un animal		→ Ils peuvent mesurer 7 mètres et peser 3 tonnes.

2 **Pour compléter le tableau :**

→ je note mes découvertes (en bleu) ;
→ je note mes connaissances (en rose).

Pour...	Je peux utiliser :	Je connais aussi :
indiquer la cause	**à cause de** + nom	
indiquer la conséquence	**c'est pour ça que** + indicatif	
décrire un animal		

Je m'entraîne

Phonétique : écrire les nasales

1 **Pour écrire les nasales en français :**

→ j'observe les mots ci-dessous ;
→ j'entoure en bleu les mots qui contiennent les lettres « om », « am », « em » ou « im »,
et en vert ceux qui contiennent les lettres « on », « an », « en » ou « in » ;
→ je cherche la règle qui permet d'écrire les nasales en français.

comporter	indispensable	ampoule	répondre
exemple	confortable	langue	emporter	imprévisible
reprendre	chambre	range	embêter
question	impératif	ensemble	pronom	brancher

Phonétique : les graphies de la nasale [ã]

2 **Pour lire la nasale [ã] en français :**

→ j'observe les mots ;
→ je souligne les lettres « an », « am », « en », « em » ;
→ je classe les mots selon leur prononciation ;
→ j'écoute les mots pour vérifier.

canapé · remplir · améliorer · chambre
descendre · programme · se promener · cabane
menacer · comportement · dangereux · identique
rassembler · transmettre · slogan · grenier · réchauffement

[ã]	
Autres prononciations	

Les animaux menacés

3 **Pour identifier les animaux, j'écris leur nom sous chaque photo. :**

	A	B	C	D	E	F
Nom	*éléphant*	....	....	....	....	....

Le mémocercle des animaux

4 **Pour mémoriser les noms d'animaux :**

→ je donne le nom d'un animal ;
→ mon voisin répète le nom et en ajoute un autre ;
→ son voisin répète les 2 noms et en ajoute un autre, et on continue.

→ – *Dans le parc, il y a des lions.*
   – *Dans le parc, il y a des lions et des éléphants.*
   – *Dans le parc, il y a des lions, des éléphants et des pingouins…*

Les fiches

5 **Pour remplir la fiche descriptive d'un animal :**

→ j'interroge un camarade comme dans l'exemple ;
→ il me donne les informations demandées ;
→ on inverse les rôles.

→ – *À quelle classe appartient le jaguar ?*
   – *C'est un mammifère.*

A

Nom scientifique	*Panthera onca*
Classe	mammifère
Durée de vie	11 ans
Taille	– de 65 à 75 cm – de haut et de 120 à 180 cm de long
Poids	de 70 à 140 kg

B

Nom scientifique	………………
Classe	………………
Durée de vie	………………
Taille	……………… ……………… ………………
Poids	……………… ………………

(fiches inversées en bas de page)

A

Poids	……………… ………………
Taille	……………… ……………… ………………
Durée de vie	………………
Classe	………………
Nom scientifique	………………

B

Poids	– mâle : 3 à 4,5 kg ; – femelle : 4 à 6,7 kg
Taille	– de 76 cm à 79 cm – envergure : plus de 2 mètres
Durée de vie	25 ans
Classe	Oiseau (rapace)
Nom scientifique	*Aquila chrysaetos*

Le devinanimal

6 **Pour jouer :**

→ je formule une devinette ;
→ mon camarade cherche la réponse sur la mappemonde de la p. 50 du livre ;
→ on inverse les rôles.

→ – *C'est un gros animal qui vit en Afrique.*
    – *C'est l'éléphant !*

Dis-moi pourquoi !

7 **Pour compléter la fiche sur les causes de disparition des animaux :**

→ j'interroge un camarade comme dans l'exemple ;
→ il me donne les informations demandées ;
→ on inverse les rôles.

→ – *Pourquoi le dauphin est menacé ?*
    – *À cause de la pollution de l'eau.*

A

Animal menacé	Causes de leur disparition
L'ours polaire	
Les bonobos	La chasse pour la vente de leur viande
Le panda	
Le phoque moine de Méditerranée	La construction d'hôtels et d'habitations ; le tourisme
L'éléphant d'Asie	
Le thon rouge	La pêche pour la fabrication de sushis partout dans le monde
Le tigre du Bengale	

B

Animal menacé	Causes de leur disparition
L'ours polaire	Le réchauffement climatique ; la fonte de la banquise
Les bonobos	
Le panda	La déforestation
Le phoque moine de Méditerranée	
L'éléphant d'Asie	Le trafic d'ivoire ; la capture pour les zoos
Le thon rouge	
Le tigre du Bengale	La disparition de sa nourriture ; la sécheresse

Sauvons-les !

8 **Pour militer pour la défense des crocodiles :**

→ j'ordonne une phrase et je la dis à l'oreille de mon camarade ;
→ mon camarade dit la phrase à voix haute et vérifie sur son cahier ;
→ on inverse les rôles.

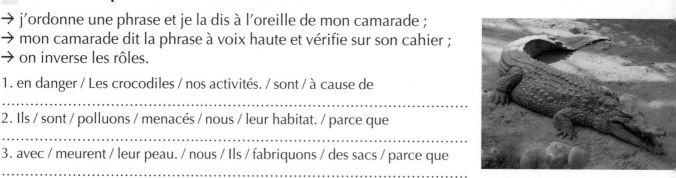

1. en danger / Les crocodiles / nos activités. / sont / à cause de

....

2. Ils / sont / polluons / menacés / nous / leur habitat. / parce que

....

3. avec / meurent / leur peau. / nous / Ils / fabriquons / des sacs / parce que

....

4. C'est / vont / pour / qu'ils / disparaître. / ça / bientôt

....

5. protéger ! / Il / donc / les / faut

....

En voie de disparition

9 **Pour connaître les causes de disparition des animaux :**

→ je relie les 2 phrases avec une expression de conséquence : *c'est pour ça que* ;
→ puis je relie les 2 phrases avec une expression de cause : *parce que/qu'*.

→ *Les éléphants souffrent de la sécheresse. Il faut créer des réserves naturelles.*
  – *Les éléphants souffrent de la sécheresse, **c'est pour ça** qu'il faut créer des réserves naturelles.*
  – *Il faut créer des réserves naturelles **parce que** les éléphants souffrent de la sécheresse.*

1. Il n'y a plus beaucoup de jaguars. Les hommes détruisent la forêt amazonienne.

....

....

2. Aujourd'hui, les abeilles sont en danger. Les hommes utilisent trop de produits chimiques.

....

....

3. Les baleines vont disparaître. Nous devons arrêter la chasse à la baleine !

....

....

4. Les tortues marines meurent dans les filets de pêche. Les tortues marines sont en voie de disparition.

....

....

5. Les crocodiles sont menacés. Il faut arrêter de fabriquer des sacs en peau de crocodile !

....

....

Je comprends

Pour faire une brochure sur les gestes éco-citoyens :

→ je lis et j'écoute les documents p. 52 ;
→ je note les gestes éco-citoyens ;
→ je les classe dans le tableau ci-dessous.

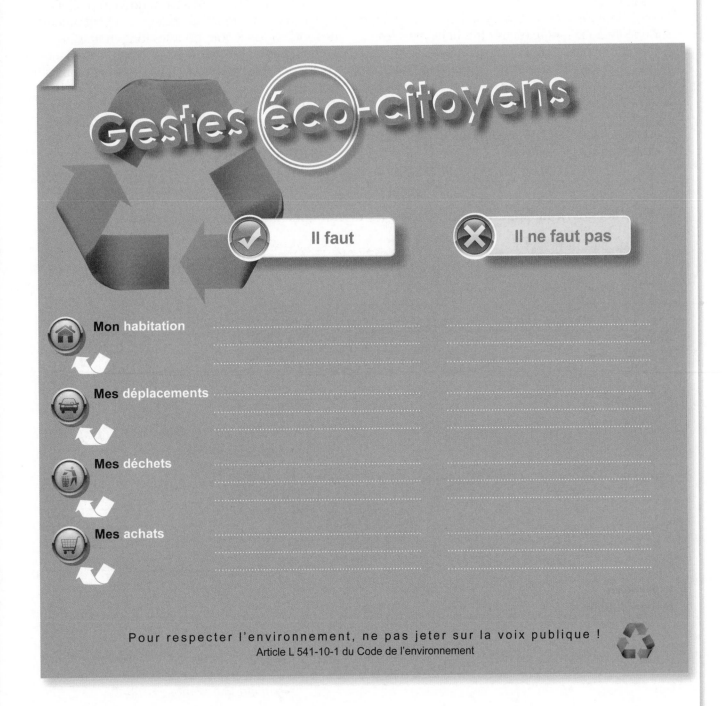

Je découvre la langue

Transcription : doc. 2, p. 52

LE PRÉSENTATEUR : Chers auditeurs, bonjour ! Vous êtes nombreux à avoir réagi à notre dernière émission sur l'écologie, *Pour un quotidien plus vert*. Écoutons vos messages…

ROBIN : Bonjour, c'est Robin, de la Réunion. J'habite sur une île où la nature est très très belle mais les gens n'y font pas attention. La situation est pire qu'avant. Il y a plus de déchets sur la plage que dans les poubelles. Il faudrait arrêter ça, vite !

SWANN : Ce n'est pas possible !!! Tout le monde ne trie pas encore ses déchets ! Je trouve ça dommage : le tri, c'est super facile et c'est toujours mieux que rien ! C'était Swann, de Montréal.

COLINE : Bonjour, c'est Coline, en Belgique. Moi…

franchement, je n'adore pas l'odeur du compost ! Mais je trouve qu'à la campagne, tout le monde devrait le faire !

MARIN : Salut ! Moi c'est Marin, de Montpellier. Perso, je vais toujours au collège et à l'entraînement de foot à vélo ! Sinon, pour les longs trajets, il faudrait penser à faire du covoiturage… Partager une voiture, ce n'est pas compliqué. Il y aurait moins de pollution !

ZOE : J'adore prendre des bains quand je rentre de la danse, mais je ne le fais pas… On économise beaucoup plus d'eau si on prend une douche ! C'était Zoé, de Paris. À plus !

1 **Pour découvrir la langue, je relève dans les documents d'autres exemples pour :**

	Doc. 1	Doc. 2
donner des précisions	→ *L'eau que tu économises est précieuse.*	....
comparer		→ *Il y a plus de déchets sur la plage que dans les poubelles.* ....
exprimer le mécontentement		→ *Ce n'est pas possible !!!* ....
faire des propositions		→ *Il faudrait arrêter ça, vite !* ....

2 Pour compléter le tableau :

→ je note mes découvertes (en bleu) ;
→ je note mes connaissances (en rose).

Pour...	Je peux utiliser :	Je connais aussi :
donner des précisions		
comparer		**plus de** + nom + **que**
exprimer le mécontentement	**Ce n'est pas possible !**	
faire des propositions	**Il faudrait** + infinitif	

Je m'entraîne

Phonétique : prononcer les consonnes doubles

1 **Pour apprendre à bien prononcer les consonnes :**

→ je dessine secrètement 3 bateaux dans la grille ;
→ je conjugue un verbe au présent pour trouver le bateau de mon camarade ;
→ si mon camarade a un bateau dans la case indiquée, il répond : « coulé » et je rejoue ;
→ s'il n'a pas de bateau dans la case indiquée, il répond : « dans l'eau » et c'est à lui de jouer ;
→ le joueur qui découvre les 3 bateaux de son camarade a gagné.

→ *– Il attend des nouvelles.*
  – Coulé. / Dans l'eau.

	attendre des nouvelles	savoir vivre	se battre tout le temps	vouloir la solution	l'avoir déjà vu
elle					
elles					
il					
ils					

Phonétique : lire les consonnes doubles

2 **Pour lire en français :**

→ j'écoute les mots ;
→ je répète les mots à un camarade ;
→ je choisis 2 mots entendus et j'écris une phrase que je lis au groupe.

....

Des produits écolos

3 **Pour caractériser ces produits écologiques, j'associe chaque produit à sa (ou ses) caractéristique(s).**

A. un produit que l'on ne peut pas réutiliser.

1. Un produit durable est :

B. un produit que l'on peut transformer en un autre produit.

C. un produit que l'on garde longtemps.

2. Un produit jetable est :

D. un produit que l'on ne peut pas garder longtemps.

3. Un produit recyclable est :

E. un produit que l'on peut réparer.

Les définitions

4 Pour compléter les définitions, j'utilise les pronoms relatifs *qui* ou *que/qu'*.

1. Le train est un mode de transport collectif qui permet de faire voyager des centaines
de passagers et .... il faudrait utiliser davantage pour moins polluer.

2. Le bac à compost : pour les personnes .... ont un jardin,
c'est un outil pratique .... elles utilisent pour recycler les déchets organiques.

3. Le tri est un geste .... on doit faire tous les jours pour améliorer
le recyclage des déchets.

4. Une ampoule basse consommation est un objet .... produit
de la lumière et .... permet de réduire la consommation d'électricité.

5. L'énergie solaire est une énergie .... est produite par le soleil et .... nous
devrions développer pour polluer moins.

6. Le covoiturage est un mode d'utilisation de la voiture .... permet de
faire des économies et .... il faudrait pratiquer davantage pour réduire l'émission
de CO_2.

Mon alter ego

5 Pour trouver mon alter ego écolo :

→ je coche dans le tableau mes actions écolos ;
→ j'interroge 3 camarades ;
→ j'entoure nos points communs.

→ – *Je mange des produits locaux. Et toi ?*   *ou*   – *Je ne mange pas de produits locaux. Et toi ?*
– *Moi aussi. / Moi, non.*   – *Moi si / Moi non plus.*

Comportements	Moi	....	....	....
utiliser les transports collectifs et le vélo				
trier les déchets				
éteindre la lumière en sortant d'une pièce				
donner mes vêtements trop petits				
boire l'eau du robinet				
utiliser les deux côtés d'une feuille de papier				
recycler les vieux objets				

Ce n'est pas possible !

6 **Pour exprimer mon mécontentement :**

→ je lance le dé ;

→ j'échange avec un camarade comme dans l'exemple.

→ – *Mais ce n'est pas possible, tu manges des fraises en hiver ?*
  Ça pollue, tu devrais manger des pommes !

« Les mauvais gestes »	« Les bons gestes »
1. Acheter des bouteilles d'eau.	→ Boire l'eau du robinet.
2. Acheter des jouets en plastique.	→ Acheter des jouets en bois.
3. Mélanger le verre et le plastique.	→ Trier le verre et le plastique.
4. Laisser ton ordinateur allumé.	→ Mettre ton ordinateur en veille.
5. Jeter ton vieux téléphone portable.	→ Donner ton vieux téléphone portable.
6. Imprimer tous les courriels que tu reçois.	→ Imprimer seulement quand c'est indispensable.

Mon mémento écolo

7 **Pour constituer mon mémento écolo :**

→ j'observe les dessins ;

→ je complète les énoncés avec les comparatifs *plus de, moins de, autant de, mieux ou pire.*

Utiliser un seul côté d'une feuille, c'est deux fois .... papier consommé.

①

Récupérer l'eau, c'est .... que de la gaspiller.

④

Recycler le carton, c'est .... arbres sauvés.

②

Choisir des fruits et des légumes de ma région, et de saison, c'est .... pour la nature.

⑤

Utiliser des sacs en plastique, c'est bien .... que d'utiliser des sacs en papier !

③

Acheter un kilo de riz, c'est .... que deux fois 500 g : il y a .... emballages !

⑥

Tu as dit éco-responsable ?

8 **Pour connaître mon empreinte carbone :**

→ je complète le test avec les mots suivants : *avion, déchets, fruits, gestes, nourriture, planète, sacs, trajets* ;

→ je réponds aux questions ;

→ je calcule mon score.

Les bons gestes

1. Est-ce que tu prends l'................ pour partir en vacances ?

✖ Souvent.
○ Parfois.
🌐 Jamais.

2. Est-ce que tu te déplaces à vélo pour tes .... quotidiens ?

🌐 Souvent.
○ Parfois.
✖ Jamais.

3. Est-ce que tu achètes des .... exotiques ?

✖ Souvent.
○ Parfois.
🌐 Jamais.

4. Est-ce que tu tries tes .... ?

🌐 Souvent.
○ Parfois.
✖ Jamais.

5. Est-ce que tu utilises des .... réutilisables, pour faire tes courses ?

🌐 Souvent.
○ Parfois.
✖ Jamais.

6. Est-ce que tu achètes de la .... dans les fast-foods ?

✖ Souvent.
○ Parfois.
🌐 Jamais.

Ton empreinte

Tu as une majorité de 🌐 :

Félicitation ! Tu es un super-écolo. Ton empreinte carbone est très basse.

Tu as une majorité de ○ :

Tu es un bon écolo, mais tu peux faire mieux et réduire encore ton empreinte carbone.

Tu as une majorité de ✖ :

L'écologie, ça ne t'intéresse pas beaucoup, tu as une empreinte carbone élevée.
Pense à la .... et à tous ces petits .... qui ne coûtent pas grand-chose.

Le plus écolo

9 **Pour savoir qui est le plus écolo :**

→ je lis les résultats du test d'un camarade ;

→ je compare nos comportements ;

→ je dis qui est le plus écolo de nous deux.

1. Je prends .... l'avion que ....

2. Je me déplace .... à vélo pour mes trajets quotidiens que ....

3. J'achète .... de fruits exotiques que ....

4. Je trie .... mes déchets que ....

5. J'utilise .... de sacs réutilisables pour faire les courses que ....

6. J'achète .... de nourriture dans les fast-foods.................... .

L'écologie : ici et ailleurs

 1 Pour comparer des initiatives écologiques en France, au Québec et dans mon pays :

→ j'observe les documents p. 54 ;
→ je complète les colonnes du tableau ;
→ je compare mes réponses avec celles de mon camarade.

Initiatives écologiques	En France	Au Québec	Dans mon pays
Nom	Recycling Party	....	....
Slogan	....	....	....
Période	....	....	....
Lieu	....	....	....
Objectifs	....	....	....
Conditions	....		....

Les mots de l'environnement

2 Pour trouver le mot secret :

→ je lis les définitions ;
→ je complète les cases à l'aide des documents 2 et 3 p. 54-55 ;
→ je mets dans l'ordre les lettres qui sont dans les cases bleues.

À l'horizontale :

1. Quand on produit du compost, on fait du ... .
2. Quand on fabrique des pulls avec des bouteilles en plastique, on fait du ... .
3. Quand on produit moins de déchets, on participe à la ... des déchets

À la verticale :

I. C'est un mot qui a le même sens que déchets.
II. C'est la matière de certains sacs qui polluent.
III. C'est une période de très fortes chaleurs.

Le mot secret : c'est ce que nous devons éviter :
....

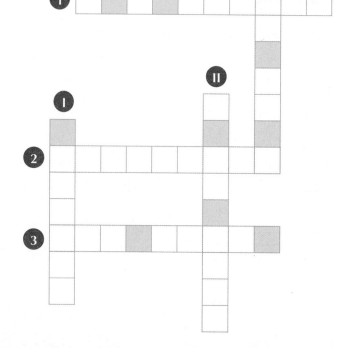

 Je peux aussi m'entraîner avec le CD-ROM.

UNITÉ 5 DELF

COMPRÉHENSION DE L'ORAL — 25 POINTS

Vous allez entendre 4 enregistrements, correspondant à 4 exercices différents.

Pour chaque exercice, vous aurez :

– 30 secondes pour lire les questions ;

– une première écoute, puis 30 secondes de pause pour commencer à répondre aux questions ;

– une deuxième écoute, puis 30 secondes de pause pour compléter vos réponses.

Répondez aux questions en cochant (☒) la bonne réponse, ou en écrivant l'information demandée.

 EXERCICE 1   **(3 points)**

1. On entend cette annonce dans :
☐ un magasin de vêtements.
☐ un magasin d'alimentation.
☐ un magasin de décoration.

2. Le magasin propose :
☐ une promotion sur des pulls.
☐ une promotion sur des poêles.
☐ une promotion sur tout le magasin.

3. L'offre est valable :
☐ demain seulement.
☐ aujourd'hui et demain.
☐ aujourd'hui seulement.

 EXERCICE 2   **(6 points)**

1. Tu viens d'entendre :
☐ une interview.
☐ une annonce.
☐ une publicité.

2. Le document présente :
☐ les responsables d'une association.
☐ les activités du Parc Paul Mistral.
☐ les Rencontres d'« Écolo Asso ».

3. Le programme qui correspond
à la manifestation est :

19/11	19 h 00 : projection d'un documentaire sur le recyclage	19/11	15 h 00 : débat	19/11	19 h 00 : écolo-quiz
20/11	15 h 00 : débat	20/11	11 h 00 - 17 h 00 : brocante	20/11	11 h 00 - 17 h 00 : brocante
21/11	11 h 00 - 17 h 00 : brocante	21/11	19 h 00 : projection d'un documentaire sur le recyclage	21/11	15 h 00 : débat
☐ A		☐ B		☐ C	

4. La manifestation est payante pour :
☐ les enfants de moins de 15 ans.
☐ les personnes de plus de 15 ans.
☐ tout le monde.

5. Pour participer, il faut téléphoner au :
☐ 04 76 45 89 07
☐ 04 66 45 89 07
☐ 04 76 45 99 07

23

EXERCICE 3 (8 points)

1. Tu viens d'entendre :
☐ une enquête dans un collège.
☐ une enquête pour Radio Verte.
☐ une enquête pour le journal télévisé.

2. L'enquête se passe :
☐ à Paris.
☐ à Nantes.
☐ à Lyon.

3. Selon Milo et Margot :
☐ les jeunes font très attention
à l'environnement.
☐ les jeunes ne font pas assez attention
à l'environnement.
☐ les jeunes ne font pas du tout attention
à l'environnement.

4. Selon Milo, la planète est en danger
à cause :
☐ des activités de l'Homme.
☐ du réchauffement climatique.
☐ de la pollution.

5. Selon Milo et Margot, nous devons :
☐ agir individuellement et modifier nos habitudes.
☐ agir individuellement sans trop changer nos
habitudes.
☐ agir ensemble et modifier nos habitudes.

6. Milo propose :
☐ de faire du covoiturage.
☐ de faire des villes écologiques.
☐ d'habiter à la campagne.

24

EXERCICE 4 (8 points)

1. Quel est le métier de l'invitée ?
....

2. À quelle occasion elle est invitée ?
....

3. Pourquoi Eva Baupin s'intéresse
aux grands singes ?
- ....
- ....

4. Quels sont les grands singes cités ?
- ....
- ....
- ....

5. Quelles sont les causes de disparition
des grands singes ?
- ....
- ....

COMPRÉHENSION DES ÉCRITS **25 POINTS**

EXERCICE 1

(7,5 points)

Lisez ce document et dites si les affirmations sont vraies ou fausses.

A à Z … RECYCLAGE

Trier ses déchets, n'est pas un geste aussi simple qu'on le pense. Surtout quand on veut le faire correctement. On ne sait pas toujours dans quelle poubelle jeter nos emballages ou nos objets usagés. C'est à cause de nos erreurs que des produits ne sont pas re-cyclés ou que notre planète est malade. Aujourd'hui, nous ne devrions plus nous interroger.

L'Association Monogeste a créé le petit guide écologique « A à Z, Recycle » ! Vous y trouverez des réponses très utiles sur le recyclage. Vous deviendrez un expert du tri et un citoyen responsable !

Alors, demandez « A à Z, Recycle » à l'accueil de tous les magasins bio près de chez vous. Il est gratuit.

1. « A à Z, Recycle » est une publicité pour un supermarché bio.		
2. « A à Z, Recycle » est créé par un magasin.		
3. « A à Z, Recycle » nous informe sur le tri de nos déchets.		
4. « A à Z, Recycle » nous informe sur la fabrication des objets que nous utilisons tous les jours.		
5. Nous pouvons trouver « A à Z, recyclage » dans tous les magasins bio.		

EXERCICE 2

(7,5 points)

Lisez ce document et répondez aux questions.

INITIATIVE

Est-ce que vous jetez vos objets quand ils sont abîmés ou démodés ?
Vous le savez tous : d'autres solutions existent ! Vos vieux disques, vos vêtements, vos jeux vidéo, vos ordinateurs, vos livres, vos jouets peuvent avoir une seconde vie !

La Maison de la Jeunesse de Montpellier organise une collecte d'objets usagés : la Maison de la Jeunesse reprend tous les objets que vous voulez jeter pour les réparer et les donner à des familles en difficulté.

Déposez vos objets : à l'accueil de la Maison de la Jeunesse, le mercredi et le samedi de 10 h 00 à 17 h 00.

Aidez les jeunes du quartier : prenez rendez-vous avec les jeunes, triez et réparez avec eux les objets collectés !

Renseignements au 04 67 44 59 01

1. Qui propose cette initiative ?
....
2. Quels sont les buts de cette initiative ?
....
....
3. Pour participer, où est-ce que je peux amener mes vieux objets ?
....
....
4. Quand est-ce que je peux amener mes vieux objets ?
....
....
5. Qu'est-ce que je peux faire avec les jeunes du quartier ?
....
....

PRÉPARATION AU DELF

EXERCICE 3   **(10 points)**

Lisez ce document et répondez aux questions en cochant la ou les bonne(s) réponse(s).

Profitez des meilleurs produits du moment et gagnez du temps !

Mon Marché Vert vous propose une livraison de fruits et légumes frais issus de l'agriculture biologique.

Chaque semaine *Mon Marché Vert* vous livre un panier différent avec des fruits et des légumes de saison, mais aussi avec des fiches recettes pour vous donner des idées !

Avec votre panier de fruits et légumes frais, vous pouvez également commander des œufs, du pain, du fromage, de la farine et du miel.

Mon Marché Vert agit pour l'environnement : il privilégie les petits producteurs et les produits locaux qui sont cultivés sans pesticide, sans insecticide, sans engrais et sans OGM.

Mon Marché Vert vous propose plusieurs paniers :
– le panier 2 personnes à 15 euros (3 kg de fruits et légumes) ;
– le panier 4 personnes à 26 euros (6 kg de fruits et légumes) ;
– le panier 6 personnes à 37 euros (9 kg de fruits et légumes).

Mon Marché Vert vous livre le lundi ou le mardi, à domicile si vous habitez à Lyon, ou dans un magasin proche de chez vous. Pour cela, vous devez <u>commander le vendredi avant 19 heures</u> à l'adresse suivante : <u>contact @monmarchevert.fr</u>

1. Ce document est :
□ une publicité.
□ un article sur l'environnement.
□ une recette de cuisine.

2. Mon Marché Vert propose des paniers différents :
□ une fois par semaine.
□ deux fois par semaine.
□ trois fois par semaine.

3. Mon Marché Vert propose également :
□ des recettes de cuisine.
□ de la viande et du lait.
□ des plats cuisinés.

4. Mon Marché Vert propose :
□ une taille de panier.
□ deux tailles de panier.
□ trois tailles de panier.

5. Mon Marché Vert propose :
□ des produits cultivés près de chez vous.
□ des produits cultivés avec peu d'engrais.
□ des produits cultivés par de gros producteurs.

6. Mon Marché Vert vous livre :
□ chez vous à Lyon.
□ sur votre lieu de travail.
□ en dehors de Lyon.

7. Pour commander un panier, il faut :
□ appeler le vendredi.
□ envoyer un courriel.
□ passer au magasin.

UNITÉ 6
VOTRE MISSION

→ MONTER UNE EXPOSITION
PHOTO SUR LES ANNÉES 2000

Je découvre la mission

Pour découvrir la mission :
→ j'écoute l'enregistrement ;
→ je cherche des indices ;
→ j'écris les indices trouvés dans le cadre ;
→ j'imagine dans quel univers va se passer la mission ;
→ j'observe la photo de la p. 59 de mon livre ;
→ je cherche de nouveaux indices.

Mes indices

Je prépare la mission

Pour monter une exposition photo sur les années 2000, je vais :

+ décrire une situation passée ;

+ demander des informations ;

+ comparer différentes époques ;

+ caractériser un objet ;

+ situer dans le temps.

Qu'est-ce que je sais faire ?	Qu'est-ce que je vais apprendre ?

Je comprends

Pour savoir comment on vivait dans les années 2000 :

→ j'écoute et je lis les documents p. 60 ;
→ je note les informations données sur les années 2000.

	Années 2000
Nourriture	....
Vêtements	....
Lieux de vie	....
Moyens de transport	....

Je découvre la langue

Transcription : doc. 1, p. 60

LE GUIDE : Les enfants, bienvenue au musée de l'Homme. Tenez, regardez ces mannequins : ce sont vos ancêtres !

ÉLISE : Tu as vu comment il est habillé ?

LE GUIDE : Eh oui, ça, c'est un manteau et ça, ce sont des bottes. On les utilisait quand il faisait froid. À droite, par contre, la femme porte une robe. On en trouve encore aujourd'hui, dans les boutiques de costumes.

ABEL : Et ça, Monsieur, c'est quoi ?

LE GUIDE : Vous ne savez pas ce que c'est les enfants ? C'est une voiture à essence.

NAËL : Une quoi ?

LE GUIDE : Dans les années 2000, il y a plus de 200 ans, on utilisait des voitures. C'était un moyen de transport très répandu. Vous en avez certainement déjà vu dans vos manuels d'histoire.

ABEL : Ah oui, et notre prof nous en a parlé.

NAËL : Et là, Monsieur, qu'est-ce que c'est ? Ça se mange ?

LE GUIDE : Euh, plutôt, ça se mangeait. Tu vois, au-dessus et en dessous, c'est du pain, et au milieu, on mettait de la viande hachée avec des crudités…
On appelait ça un hamburger.

ÉLODIE : Ah, ça a l'air dégoûtant !

1 Pour découvrir la langue, je relève dans les documents d'autres exemples pour :

	Doc. 1	Doc. 2
décrire une situation passée	➡ *On les utilisait quand il faisait froid.*	
demander une information	➡ *Et ça, Monsieur, c'est quoi ?*	

2 **Pour compléter le tableau :**

→ je note mes découvertes (en bleu) ;
→ je note mes connaissances (en rose).

Pour...	Je peux utiliser :	Je connais aussi :
décrire une situation passée		
demander une information		

Je m'entraîne

Phonétique : le « e » caduc

 1   Pour m'entraîner :

→ j'écoute les phrases ;
→ je barre les « e » qui ne sont pas prononcés ;
→ je répète les phrases.

Série 1	1. Je me demande comment ils se déplaçaient à l'époque.
	2. Je me demande comment ils se déplaçaient à l'époque.
	3. Je me demande comment ils se déplaçaient à l'époque.
Série 2	1. Je me demande : « Qu'est-ce que c'est ? ».
	2. Je me demande : « Qu'est-ce que c'est ? ».
	3. Je me demande : « Qu'est-ce que c'est ? ».
Série 3	1. Qu'est-ce que c'est ? Je me le demande.
	2. Qu'est-ce que c'est ? Je me le demande.
	3. Qu'est-ce que c'est ? Je me le demande.

Phonétique : prononcer ou faire chuter le « e » caduc

 2   Pour prononcer ou faire chuter le « e » caduc :

→ j'écoute les phrases ;
→ j'observe les transcriptions dans le tableau ;
→ je choisis et je prononce une phrase d'une des séries ;
→ mon voisin dit quelle phrase il a entendu ;
→ je confirme et on inverse les rôles.

Série 1	1. Je me demandé ce que c'est.
	2. Je mé demandé cé que c'est.
	3. Jé mé demandé cé que c'est.
Série 2	1. Je le retrouve demain à la gare.
	2. Je lé retrouvé demain à la garé.
	3. Jé le rétrouvé demain à la garé.
Série 3	1. Je né le veux pas, garde-le.
	2. Je ne lé veux pas, garde-le.
	3. Je né le veux pas, gardé-le.

La bataille verbale à l'imparfait

3 **Pour jouer à la bataille verbale :**

→ je dessine secrètement 3 bateaux dans la grille ;

→ je conjugue les verbes à l'imparfait pour trouver les bateaux de mon camarade ;

→ si mon camarade a un bateau dans la case indiquée, il répond : « coulé »
et je rejoue ;

→ s'il n'a pas de bateau dans la case indiquée, il répond : « dans l'eau » et c'est à lui
de jouer ;

→ le premier joueur qui découvre les trois bateaux de son camarade gagne la partie.

	construire des cabanes	se déplacer à pied	habiter à la campagne	voyager souvent	croire au Père Noël
Je					
Tu					
Il					
Nous					
Vous					
Elles					

La mode des années 1970

4 **Pour compléter le texte sur la mode, je conjugue les verbes à l'imparfait.**

Dans les années 1970, la mode (avoir) .... ses codes. Quand on (porter)
.... un vêtement, on (montrer) .... son origine sociale.
Un proverbe (dire) .... : « l'habit ne fait pas le moine » et pourtant,
une tenue (pouvoir) .... représenter un métier, comme les uniformes
des policiers ou des militaires. On (deviner) .... aussi l'âge des gens à
leurs vêtements : la mode des jeunes n'(être) .... pas celle des adultes.
De même, on ne (s'habiller) .... pas de la même façon à la ville qu'à la campagne.

Qu'est-ce qu'il faisait ?

5 **Pour savoir pourquoi mon camarade est en retard :**

→ je l'interroge ;

→ il lance le dé pour me répondre ;

→ on inverse les rôles.

→ – *Qu'est-ce que tu faisais ?*
   – *J'étais au téléphone.*

• Tchatter avec mon cousin   ⁛ Finir de manger

⁚ Parler avec ma mère   ⁙ Terminer le devoir de maths

⁖ Prendre une douche   ⁞ Être au téléphone

Le Martien

 6 **Pour identifier le Martien rencontré par mon camarade :**

→ je l'interroge comme dans l'exemple ;

→ je fais une proposition ;

→ il confirme et on inverse les rôles.

→ *Est-ce qu'il avait la peau orange ? Est-ce qu'il avait deux yeux ?…*

Le but du jeu

 7 **Pour découvrir un ancien jeu vidéo :**

→ j'interroge mon camarade ;

→ je complète ma fiche et on inverse les rôles.

→ *– Qu'est-ce qu'il fallait faire dans Explorer ?*
– Il fallait libérer la reine Éraya.

But du jeu : Libérer la reine Éraya.
Nombre de joueurs : 1
Actions principales :
- Aller de la Terre à Vénus.
- Découvrir où se trouve la reine Éraya.
- Libérer la reine Éraya.
Durée d'une partie : 2 heures

But du jeu : ....
Nombre de joueurs : ....
Actions principales : ....
- ....
- ....
- ....
Durée d'une partie : ....

EXPLORER

But du jeu : ....
Nombre de joueurs : ....
Actions principales : ....
- ....
- ....
Durée d'une partie : ....

GALAXIE

But du jeu : Créer une ville sur Mars.
Nombre de joueurs : 4
Actions principales :
- Construire une machine pour aller dans l'espace.
- Aller sur Mars.
- Créer une ville d'êtres humains sur Mars.
Durée d'une partie : environ 4 heures.

Et maintenant ?

8 **Pour comparer deux époques :**

→ j'observe les photos suivantes ;

→ j'échange avec mon camarade comme dans l'exemple.

→ – *C'est génial le MP3.*
   – *Oui, quand tu penses qu'avant on utilisait des disques*

Un voyage sur Mars

9 **Pour aider Théo à raconter son arrivée sur Mars à ses petits-enfants :**

→ je complète son texte avec : *dernier, après, plus tard, il y a, le, à cette époque, maintenant.*

Le mois .... j'ai retrouvé les photos de mon arrivée ici.
.... 240 ans, j'ai décidé d'aller vivre sur Mars.
...................., c'était la mode, beaucoup de gens partaient dans
l'espace. .... 19 avril 2070, j'ai posé pour la première
fois les pieds sur cette planète. Quelques jours ....
mon arrivée, j'ai trouvé un travail : réparateur de voitures volantes.
Six mois .... j'ai rencontré votre grand-mère.
Et .... je voudrais bien rentrer sur Terre.

2ᴱ DÉFI : JE CRÉE DES FICHES SUR DES OBJETS

Je comprends

Pour retrouver les notices des différents objets :

→ j'écoute et je lis les documents p. 62 ;

→ je prends des notes ;

→ j'associe chaque notice à la photographie qui convient.

A

B

C

D

E

F

1 Cet objet a reçu le prix de la Foire de Paris.

2 Cet objet pouvait être utilisé en voyage pour regarder ses émissions préférées.

3 M. Collet a inventé cet objet en 1968.

4 Cet objet s'utilisait surtout dans les entreprises.

5 Cet objet pouvait servir à enregistrer sa voix.

6 Cet objet servait à écouter de la musique.

Je découvre la langue

Transcription : doc. 1, p. 62

Le présentateur : Bonjour et bienvenue dans notre jeu quotidien : le Keskecè. Hier, les candidats n'ont pas trouvé la solution. Nous espérons qu'aujourd'hui, chers auditeurs, vous trouverez l'objet mystère…
On sait que le Keskecè est un objet ancien.
On s'en servait pour se divertir et il n'est pas très grand. Premier candidat :
Carla : Bonjour. Carla, j'ai 14 ans et j'habite Marseille.
Le présentateur : On écoute votre question Carla.
Carla : Est-ce que le Keskecè servait aux jeunes comme aux personnes âgées ?
Le présentateur : Oui, … mais c'est surtout les jeunes qui l'utilisaient. Vous pensez à ?
Carla : À une télévision de voyage.
Le présentateur : Eh non. Candidat suivant.
Gaby : Salut, c'est Gaby, de Bordeaux. Est-ce qu'on utilisait le Keskecè pour écouter de la musique ?

Le présentateur : Oui, souvent. Mais pas uniquement. Quelle était votre idée ?
Gaby : Un disque vinyle…
Le présentateur : Non plus, mais on se rapproche…
Anaëlle : Anaëlle, de Brest : est-ce qu'on pouvait enregistrer quelque chose avec le Keskecè ?
Le présentateur : Ah, je sens que vous êtes proche de la solution… C'est exact. Vous pensez à quoi ?
Anaëlle : À un magnétophone à cassette.
Le présentateur : Eh bien, félicitations ! C'est la bonne réponse… et est-ce que vous savez comment on s'en servait ?
Anaëlle : Oui, mon grand-père en avait un dans son grenier… On mettait tout simplement la cassette dans le magnétophone et on enregistrait ou on écoutait ce qu'on voulait.

1 Pour découvrir la langue, je relève dans les documents d'autres exemples pour :

	Doc. 1	Doc. 2
donner une information sur un objet	→ *Le Keskecè servait…*	
éviter une répétition		→ *On s'en servait à la maison.*

2 Pour compléter le tableau :

→ je note mes découvertes (en bleu) ;
→ je note mes connaissances (en rose).

Pour...	Je peux utiliser :	Je connais aussi :
donner une information sur un objet		
éviter une répétition		

Je m'entraîne

Phonétique : reconnaître les sons [k] et [g]

 1 **Pour reconnaître les sons [k] et [g] :**

→ j'écoute les phrases prononcées par une personne enrhumée ;

→ je les répète ;

→ je retrouve la prononciation habituelle.

→ *« Guèzguezè ? » se prononce habituellement « Qu'est-ce que c'est ? ».*

Phonétique : prononcer les lettres « g » et « c »

 2 **Pour prononcer les lettres « g » et « c » :**

→ j'écoute les mots ;

→ je les répète ;

→ j'indique la prononciation de la lettre en cochant la bonne réponse.

→ *Quand j'entends « gare », je coche le son [g] dans le tableau.*

La lettre « g »

agréable	guide	ligne	regarder	Belgique	généralement	mangeait	goûter	magnétophone	organiser
☐ [g]	☐ [g]	☐ [g]	☐ [g]	☐ [g]	☐ [g]	☐ [g]	☐ [g]	☐ [g]	☐ [g]
☐ [ʒ]	☐ [ʒ]	☐ [ʒ]	☐ [ʒ]	☐ [ʒ]	☐ [ʒ]	☐ [ʒ]	☐ [ʒ]	☐ [ʒ]	☐ [ʒ]
☐ [ɲ]	☐ [ɲ]	☐ [ɲ]	☐ [ɲ]	☐ [ɲ]	☐ [ɲ]	☐ [ɲ]	☐ [ɲ]	☐ [ɲ]	☐ [ɲ]

La lettre « c »

campagne	principal	décrire	ancien	écoute	c'est	ce	siècle	particulier	aucun
☐ [k]	☐ [k]	☐ [k]	☐ [k]	☐ [k]	☐ [k]	☐ [k]	☐ [k]	☐ [k]	☐ [k]
☐ [s]	☐ [s]	☐ [s]	☐ [s]	☐ [s]	☐ [s]	☐ [s]	☐ [s]	☐ [s]	☐ [s]

Un objet en tête

 3 **Pour deviner de quoi parle mon camarade,**

→ j'écoute ses indices ;

→ quand j'ai trouvé, on échange les rôles.

→ *— On peut trouver mon objet dans toutes les pièces de la maison.*
On peut le mettre au plafond, sur une table ou sur un mur. Cet objet sert à éclairer.
— C'est une lampe.

Un musée en 2500

 4 **Pour organiser la collection d'objets des années 2000, j'associe chaque objet à sa description.**

 A

 B

 C

 D

 E

 F

 G

- 1. On s'en servait pour faire cuire des aliments.
- 2. Elle servait à regarder des émissions qui divertissent, instruisent…
- 3. On l'utilisait quand on avait les cheveux mouillés.
- 4. On l'utilisait pour jouer.
- 5. Il servait à prendre des photos, des vidéos, écouter de la musique, et à appeler quelqu'un.
- 6. Elle servait à éclairer.
- 7. On l'utilisait pour écouter de la musique dans un lieu public.

Les grands-pères

 5 **Pour identifier quels grands-pères se trompent :**

→ je regarde les photos prises en 1980 ;

→ je conjugue les verbes à l'imparfait.

Antoine : « En 1980, j'(aller) ………………….. faire mes courses sur internet. »

Pierre : « En 1980, on (voir) ………………….. des gens utiliser leur téléphone portable.

Paul : « En 1980, on (rêver) ………………….. d'aller sur Mars, mais aucune fusée n'(être)………………….. capable d'y aller. »

Anatole : « En 1980, les fast-food n'(exister) ………………….. pas. »

Jean : « En 1980, on ne (savoir) ………………….. pas construire d'immeubles. »

L'atelier du professeur Dingo

 6 **Pour présenter les objets que le professeur Dingo a inventés :**

→ je donne un nom aux objets ;

→ j'explique à quoi ils servent.

	Nom de l'objet : .... **À quoi ça sert ? :** ....
	Nom de l'objet : .... **À quoi ça sert ? :** ....

Dans mon enfance…

 7 **Pour trouver la personne avec qui j'ai le plus de points communs,**

→ je coche les actions que je faisais dans mon enfance ;

→ j'interroge trois camarades ;

→ j'entoure nos points communs.

→ – *Quand j'étais petit, je jouais au foot avec mon père, et toi ?*
  – *Moi aussi. / Moi non.*

	Moi	....	....	....
Jouer au foot avec son père				
Manger des bonbons en cachette				
Se disputer avec ses frères et sœurs				
Avoir une peluche pour s'endormir				
Aller au cinéma avec ses grands-parents				
Faire des cabanes dans la forêt				

Un sondage

 8 **Pour participer à l'enquête sur les souvenirs d'enfance, je réponds aux questions suivantes sans faire de répétitions.**

➜ – *Vous mangiez du poisson toutes les semaines ?*
   – *Oui, j'en mangeais toutes les semaines.*

1. Est-ce que vous aviez beaucoup de jouets ?

....

2. Est-ce que vous achetiez souvent des bonbons ?

....

3. Est-ce que vous lisiez beaucoup de bandes dessinées ?

....

4. Est-ce que vous aviez un téléphone portable ?

....

5. Est-ce que vous écoutiez de la musique ?

....

6. Est-ce que vous accrochiez des photos de vos amis dans votre chambre ?

....

Les infos

 9 **Pour donner des informations à un camarade :**

➜ j'observe l'illustration ;

➜ je ferme mon livre

➜ je réponds aux questions de mon camarade,
comme dans l'exemple.

➜ – *Est-ce qu'il y a un bureau dans la chambre de Marc ?*
   – *Oui, il y en a un.*

La mythologie : ici et ailleurs

 1 Pour savoir qui est qui, j'associe chaque illustration de dieux à sa description.

1	2	3	4	5	6	7	8	9
i								

 2 Pour mieux connaître les dieux :

→ je complète le tableau avec les éléments du livre et mes connaissances.

	Noms des dieux	Caractéristiques	Pouvoirs
Dieux grecs	....	....	....
	....	....	....
	....	....	....
Dieux égyptiens	....	....	....
	....	....	....
	....	....	....
Dieux scandinaves	....	....	....
	....	....	....
	....	....	....
Dieux	....	....	....
	....	....	....
	....	....	....

Le vocabulaire de la mythologie

 3 Pour retenir les attributs de chaque dieu, je complète le texte
avec les mots suivants : *éclairs, trident, sceptre, trône, fouet.*

Les objets des Dieux
Dans la mythologie grecque, Zeus est souvent représenté avec
des .... à la main. Neptune, lui, a toujours un
....................., l'arme des pêcheurs.
Chez les Égyptiens, Ra porte son .... de la main gauche,
pour montrer que c'est un juge. Comme un roi, Osiris est assis sur
son .... Il ressemble à un pharaon avec sa barbe et
....

 Je peux aussi m'entraîner avec le CD-ROM.

PRODUCTION ORALE   25 POINTS

Cette épreuve d'expression orale comporte trois parties.
Elle dure 6 à 8 minutes.
Vous disposez de 10 minutes de préparation pour les parties 2 et 3.

ENTRETIEN DIRIGÉ

Après avoir salué votre examinateur, vous vous présentez.
L'examinateur vous posera des questions complémentaires :

> - Quel est l'objet que vous utilisez le plus souvent : en classe, ou bien en dehors de l'école ?
> - Quel(s) est(sont) le(s) objet(s) que vous voulez garder avec vous toute votre vie ?
> - Quels sont les objets que vous utilisiez quand vous étiez enfant que vous n'utilisez plus ?
> - Qu'est-ce que vous aimiez faire quand vous étiez enfant ?

MONOLOGUE SUIVI

Vous choisissez un des deux sujets.

Sujet 1

Vous lisez le texte suivant. Vous dites ce que vous avez compris et ce que vous en pensez.

Depuis quelques années, certains scientifiques affirment que les jeux vidéo peuvent être dangereux. Il existe de très nombreux jeux de guerre, par exemple, où il faut tuer un maximum d'ennemis ! Ces jeux sont très violents et peuvent donner un mauvais exemple aux adolescents.

Sujet 2

Vous racontez votre meilleur souvenir d'enfance.

EXERCICE EN INTERACTION

Vous tirez au sort deux sujets et vous en choisissez un.
Vous devez simuler un dialogue avec l'examinateur afin de résoudre une situation de la vie quotidienne. Vous montrez que vous êtes capable de saluer et d'utiliser les règles de politesse.

Sujet 1
Vous êtes avec votre grand frère (votre grande sœur) et il veut s'acheter un nouveau téléphone portable. Vous discutez pour savoir quel modèle il (elle) va choisir.

Sujet 2
Vous êtes avec votre grand-père (votre grand-mère), vous découvrez un objet dans le grenier que vous ne connaissez pas. Vous lui posez des questions pour en savoir plus sur cet objet.

Mes notes

PRODUCTION ÉCRITE   25 POINTS

EXERCICE 1   (13 points)

Vous venez de visiter le musée de l'homme.
Vous envoyez un mail à votre amie Garance, pour lui raconter votre visite.
Écrivez un texte de 60 à 80 mots.

Envoyer   Discussion   Joindre   Adresses   Polices   Couleurs   Enr. brouillon

À : garance@didier.fr

Objet : visite au musée de l'homme

≡▼

PRÉPARATION AU DELF

EXERCICE 2 (12 points)

Vous avez reçu ce courriel. Vous répondez à Max. (60 à 80 mots).

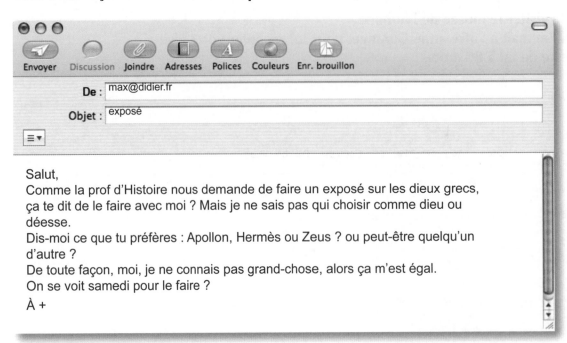

Envoyer · Discussion · Joindre · Adresses · Polices · Couleurs · Enr. brouillon

De : max@didier.fr

Objet : exposé

Salut,
Comme la prof d'Histoire nous demande de faire un exposé sur les dieux grecs,
ça te dit de le faire avec moi ? Mais je ne sais pas qui choisir comme dieu ou
déesse.
Dis-moi ce que tu préfères : Apollon, Hermès ou Zeus ? ou peut-être quelqu'un
d'autre ?
De toute façon, moi, je ne connais pas grand-chose, alors ça m'est égal.
On se voit samedi pour le faire ?

À +

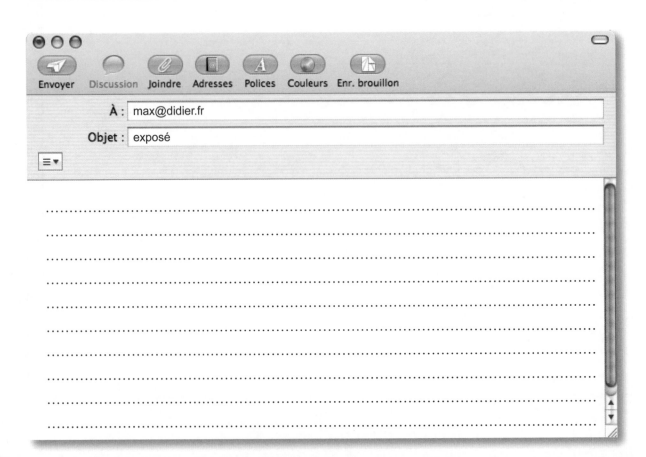

Envoyer · Discussion · Joindre · Adresses · Polices · Couleurs · Enr. brouillon

À : max@didier.fr

Objet : exposé

Note les mots nouveaux et donne leur traduction dans ta langue.
Tu peux aussi les illustrer (dessins, collages…).

Auto-dico

Auto-dico

Auto-dico